高等教育艺术设计专业“十四五”校企合作融媒体系列教材

绿色 · 创新 · 共享

CI企业形象设计项目式教程

主编 施少婷 陈曦 卢娟

组编企业：翼狐网 YIIHUU.COM

華中科技大學出版社
http://press.hust.edu.cn

高等教育艺术设计专业“十四五”校企合作融媒体系列教材

CI企业形象设计
项目式教程

主　编　施少婷　陈　曦　卢　娟
副主编　聂凡凯　李　珊　胡丽丽　高小明
参　编　何舒佳　李　玲　吴盛坤　王　颖
钟穗杰　朱奕斐　唐志嫦　谭晓珊

華中科技大學出版社
http://press.hust.edu.cn
中国·武汉

内容简介

本书紧密围绕CI企业形象的真实项目工作流程，采用“模块—项目—工作任务”的分层教学模式，共分为两大模块、五个项目、十五个工作任务。在校企深度融合的理念指导下，本书引入真实项目案例，以工作任务为核心导向，实现教、学、做的有机融合。从任务的确定到制定、实施、评价与总结，贯穿每个项目的始终，使本书内容编排合理、梯度清晰。本书从核心标志设计出发，逐步拓展到基础要素和应用要素的理论知识和实践操作，帮助学习者全面掌握VI设计的基本架构和整体设计流程的典型工作任务。

图书在版编目（CIP）数据

CI企业形象设计项目式教程 / 施少婷，陈曦，卢娟主编 . —武汉：华中科技大学出版社，2024.6

ISBN 978-7-5772-0715-5

Ⅰ. ① C… Ⅱ. ①施… ②陈… ③卢… Ⅲ. ①企业形象—设计—高等职业教育—教材 Ⅳ. ① F272-05

中国国家版本馆CIP数据核字（2024）第080196号

CI企业形象设计项目式教程 施少婷 陈曦 卢娟 主编

CI Qiye Xingxiang Sheji Xiangmushi Jiaocheng

策划编辑：江 畅

责任编辑：狄宝珠

封面设计：孢 子

责任监印：朱 玢

出版发行：华中科技大学出版社（中国·武汉） 电话：（027）81321913

武汉市东湖新技术开发区华工科技园 邮编：430223

录 排：武汉创易图文工作室

印 刷：武汉科源印刷设计有限公司

开 本：787 mm × 1092 mm 1/16

印 张：10

字 数：269千字

版 次：2024年6月第1版第1次印刷

定 价：59.00元

华中出版

前言

Preface

在职业教育改革的大背景下，编者紧密围绕新发展阶段和新发展理念，积极落实教育部发布的《职业院校教材管理办法》精神，并积极响应“倡导开发新型活页式教材”的号召。在深入研究企业形象设计师的职业要求后，编者基于市场调研和企业专家的深入论证，精心编写了这本教材。

本教材旨在培养具备艺术设计实践能力的应用型人才，根据企业岗位的实际需求和 CI 企业形象设计师的核心职业能力，进行了模块化设计。教材紧密围绕 CI 企业形象的真实项目工作流程，采用“模块—项目—工作任务”的分层教学模式，共分为两大模块、五个项目、十五个工作任务。在校企深度融合的理念指导下，教材引入真实项目案例，以工作任务为核心导向，实现教、学、做的有机融合。从任务的确定到制定、实施、评价与总结，贯穿每个项目的始终，使教材内容编排合理、梯度清晰。教材从核心标志设计出发，逐步拓展到基础要素和应用要素的理论知识和实践操作，帮助学习者全面掌握 VI 设计的基本架构和整体设计流程的典型工作任务。

在教材编写过程中，编者组建了校企“双元”合作的编写团队，由惠州城市职业学院教师担任主编，并得到校企合作单位如翼狐网、广州色度装饰设计有限公司、惠州市西子湖畔网络有限公司等的大力支持。这些企业提供了宝贵的建议和丰富的项目案例，对此表示衷心的感谢。同时，教材还收录了众多同学的优秀 VI 设计作品，并参考了大量著作、刊物和网站资源。对所有作品和文献的作者，编者在此表示诚挚的谢意。对于部分引用作品和文献未能详尽标注作者和出处的情况，编者深表歉意。此外，还要感谢众多同事、朋友和优秀毕业生的支持与帮助，他们提供了宝贵的图片和资料，为教材的编写增添了丰富的内容。

目录
Contents

模块一　概念篇

项目一

CI 解读与调研

CI 作为指导企业运营战略和具体作业规范的宝典，是一个涵盖多学科、多领域的复杂知识体系。为了顺应现代市场对设计人才的新需求，并加强理论与实践的深度融合，本模块紧密围绕企业和市场调研任务展开，旨在引导学生系统掌握 CI 的核心知识点和技能要点。通过这一模块的学习，学生将能够深入理解完整的 VI 开发流程，熟悉设计岗位的工作脉络，并积累一系列优秀的设计案例，逐步构建起清晰的 CI 知识体系框架。在教学过程中，我们将通过企业访谈调研、案例剖析、小组讨论、总结报告等多种形式，引导学生在实践中发现问题、分析问题并解决问题，从而奠定坚实的专业理论基础。这样，学生将能够更加游刃有余地参与到后续的标志设计与制作、基本要素设计与制作、应用要素设计与制作以及 VI 手册的编辑与制作等项目中，展现出卓越的专业素养和实践能力。

1.1 工作任务导入

项目一　工作任务书

项目名称	CI 解读与调研
实训场地	校内实训室、校外实地调研基地
项目内容	工作任务　CI 经典案例调研报告
学习目标	知识目标： 1. 了解 CI 企业形象设计的基本内涵及其发展趋势。 2. 掌握 CI 的构成框架及 CI 三大部分之间的关系。 3. 理解 VI 设计的意义和地位。 能力目标： 1. 能运用多种方式进行企业调研。 2. 能正确撰写调研报告。 3. 能制作 PPT 总结报告。 素质目标： 1. 培养自我学习、资料检索和调研分析的能力。 2. 培养语言表达、文字组织能力。 3. 培养小组分工协作能力
工作任务	1. 任务形式：确定 CI 调研的企业、品牌或设计公司，参观实际设计项目的企业，查阅相关设计案例，了解企业 VI 设计与 CI 设计的关系，以及 VI 形象设计的岗位工作程序和设计流程。 2. 任务要求：(1) 划分工作小组，分工协作；(2) 每人填写一张工作表格；(3) 完成某个企业的 CI 策划的调研报告，并用 PPT 进行汇报

续表

<table>
<tr><td rowspan="8">工作任务</td><td colspan="3">3. 建议学时：</td></tr>
<tr><td>任务</td><td>内容</td><td>学时</td></tr>
<tr><td rowspan="6">工作任务：CI 经典案例调研报告</td><td>01 确定调研公司、企业</td><td></td></tr>
<tr><td>02 企业访谈调研</td><td></td></tr>
<tr><td>03 资料收集、整理和归纳</td><td></td></tr>
<tr><td>04 企业 VI 设计结构图绘制</td><td></td></tr>
<tr><td>05 企业调研 PPT 制作</td><td></td></tr>
<tr><td>06 企业调研汇报</td><td></td></tr>
</table>

1.2 小组分工与协作

课前：请同学们分组协作完成工作任务，并在下面的表格中填写每个小组的任务分工和专业成长记录。

<table>
<tr><td>班级</td><td></td><td>组名</td><td></td><td>指导老师</td></tr>
<tr><td>组长</td><td></td><td>学号</td><td></td><td></td></tr>
<tr><td rowspan="3">组员</td><td>姓名</td><td>学号</td><td>姓名</td><td>学号</td></tr>
<tr><td></td><td></td><td></td><td></td></tr>
<tr><td></td><td></td><td></td><td></td></tr>
<tr><td colspan="5">小组任务分工：</td></tr>
<tr><td colspan="5"></td></tr>
<tr><td colspan="5">专业成长记录：</td></tr>
<tr><td colspan="5"></td></tr>
</table>

1.3 知识导入

问题 1：CI 是什么？它由哪三部分组成？

问题 2：请介绍 CI 的起源、发展及成熟阶段，并掌握每个时期内的经典案例，以便全面地了解 CI 的发展历程。

问题 3：详细解释 BI、MI、VI 的概念，它们之间有什么样的关系？

1.4 知识储备

1.4.1 初识企业形象设计

一、CI 设计的概念

CI 也称为 CIS，即企业识别系统（corporate identity system），是由美国设计大师雷蒙德·罗维（Raymond Loewy）和保罗 · 兰德（Paul Rand）等人在 20 世纪 30 年代首次提出的。它旨在通过整合企业的文化、经营理念等文化系统和哲学思想，通过系统的视觉表现和企业行为，将这一理念传达给社会大众，从而建立起一致的价值感和认同感，形成独特的企业形象和强大的市场竞争力。在此之前，这一领域曾有过企业设计、企业面貌、公司形象等不同的称谓，但都无法完全涵盖 CI 的丰富内涵。直到后来，它才被统一称为“企业识别”，简称“CI”。基于这一研究领域所规划出的全方位、系统性的经营战略，则被称为“CI 设计”。

随着经济的全球化和互联网的迅猛发展，社会分工和专业化程度不断加深，CI 已步入一个崭新的发展阶段。其应用范围日益拓宽，以满足现代市场竞争和互联网传播的需求。它围绕现代市场、消费者和终端，为企业品牌形象注入了更为全面和深刻的文化内涵。同时，新兴行业如终端识别（SI）、包装识别（PI）和传播识别（DI）等也应运而生，其中 DI 中的用户界面（UI）展现出强大的传播优势。因此，CI 已成为一门具有鲜明文化和时代特征的学科。

CI 不仅是企业形象和品牌宣传的重要战略，更是提升企业形象和竞争优势的关键所在。它相当于企业的制度和法规，具有强制性和权威性。CI 的适用范围不仅限于企业，社会团体、文化艺术等组织机构也同样需要。其本质在于帮助企业和组织了解竞争对手，从而制定差异化的竞争策略。CI 在品牌建设、形象塑造、文化培育和组织管理等方面发挥着举足轻重的作用。它是培育企业内外文化、规范内部管理、建立品牌形象的基础理论。

二、CI 设计的发展

1. 时代背景

CI 战略起源于 20 世纪欧洲的工业革命与艺术设计的发展。随着工业化的迅速推进，物质财富急剧增加，企业及产品同质化现象日益严重。为在激烈的市场竞争中脱颖而出，一些卓越的企业开始认识到“优秀的设计即高效的营销”。在这种先进理念的引导下，塑造独特的企业视觉识别形象、构建全面的商品营销体系成为企业迫切的需求。由此，CI 设计应运而生，迅速成为塑造企业形象、开拓市场的重要工具。

CI 企业形象设计旨在提升企业的知名度，增强市场竞争力和吸引力，从而在消费者心中建立积极正面的形象。作为一门新兴学科，它汲取了管理学、营销学、心理学、传播学、美学等多学科的精髓，通过整合企业的经营理念、行为方式及视觉符号，对企业形象进行全方位的塑造、优化与包装。这些学科为 CI 的萌芽、发展及成熟奠定了坚实的理论基础。

CI 在商业运作中展现出了鲜明的时代特征，其产生与发展是社会经济发展的必然产物。不同时期、不同文化、不同国情的背景下，各国对 CI 的理解与应用各具特色。随着社会的进步、科技的革新及商业模式的演变，CI 不断演进，内容不断丰富。它起源于欧洲，在美国得以完善，在日本得到深化，并在中国展现出新的活力。

欧美型 CI 侧重于 VI 设计，强调视觉识别的营销策略。其定义是“以标准字和商标作为传达企业理念与文化的重要工具”，注重视觉传达的标准化与规范化。通过统一的企业标志、标准字和标准色，构建企业与外界沟通的桥梁，被称为“视觉型 CI”。

日本在引进欧美型 CI 的基础上，结合本国国情和传统文化，发展出独具特色的 CI 战略。与欧美不同，日本型 CI 以企业理念和文化精神为核心，将其融入企业行为和视觉识别中，更加注重企业内在文化的挖掘与传承。其导入顺序为 MI—BI—VI，被称为“人文 CI”或“文化型 CI”。

中国型 CI 起步较晚，在借鉴欧美型 CI 和日本型 CI 模式的基础上，注重发挥企业文化和企业理念的灵魂作用，认同三大识别系统共同构建的理念。中国型 CI 独具中国特色和东方神韵，将中国传统文化与现代企业经营战略相结合，形成了更为丰富、完善、具有民族特色的 CI 战略体系。

2. CI 的发展历程

CI 的发展历程大致可以划分为三个时期：萌芽期（20 世纪初—20 世纪 30 年代）、发展期（20 世纪 30 年代—20 世纪 70 年代）以及成熟期（20 世纪 70 年代至今），每个时期都与相应的时代背景紧密相连。

1）萌芽期

CI战略的萌芽起源于欧洲，德国的 AEG 公司是最早认识到CI重要性的企业之一。1908年，德国通用电气公司（AEG）采纳了“德国现代设计之父”彼得·贝伦斯为其设计的“AEG”字母标志（图 1-1），并将这一标志广泛应用于公司的电器产品、办公用品以及建筑店面等多个方面，实现了从产品形象到视觉识别的高度统一。这一创新举措树立了西方最早、最完整的企业形象，开创了现代企业识别设计的先河，被后人视为 CI 设计和开发的雏形。

AEG

图 1-1　德国 AEG 公司标志

伦敦地铁作为英国伦敦的城市轨道交通系统，不仅是世界上第一条地铁，其视觉设计也堪称企业形象设计的经典之作。该标志最早在伦敦交通环境中亮相，原本中间横条上印有“GENERAL”字样。由于其辨识度高，后来被伦敦地铁采纳，并将中间文字改为“UNDERGROUND”（即“地铁”），从而成为早期的企业形象标志。当时，该标志采用红色的实心圆形加横条设计，而非现在的红色圆环。1913 年，伦敦地铁聘请了英国著名字体设计师爱德华·约翰斯顿为其设计企业形象，将原来的实心圆形改为圆环，横条文字采用无衬线字体。这一设计随后被统一应用于整个伦敦地铁系统，成功塑造了地铁整体统一的视觉识别形象，取得了极佳的视觉效果。1919 年，新标志正式应用于地铁的各类宣传中（图 1-2、图 1-3）。

UNDERGROUND

图 1-2　伦敦地铁标志

图 1-3　伦敦地铁户外标识

1908 年，在意大利都灵附近的 Ivrea 地区，奥利维蒂（Olivetti）品牌诞生，成为意大利第一家打字机制造商，并生产出了第一台 Olivetti 打字机。随着包豪斯理论传入意大利，奥利维蒂公司意识到品牌形象对公司发展的重要性。1936 年，奥利维蒂公司聘请平面设计师吉奥瓦尼·平托里负责其形象设计。经过精心设计，奥利维蒂公司的字母标志得以统一应用于公司相关事物上，为公司树立了国际化企业的视觉形象，并成功建立了高品质的品牌文化形象。公司的迅速发展使其在意大利及欧洲工业发展史中赢得了独一无二的地位，对 CI 的发展起到了积极的推动作用（图 1-4、图 1-5）。

图 1-4　奥利维蒂打字机

图 1-5　奥利维蒂公司原址

2）发展期

CI 战略的成型源于美国。20 世纪 50 年代至 70 年代，世界经济格局发生了巨大变化。欧洲经济亟待复兴，而美国迎来了经济飞速发展的良好机遇。美国社会学家在 20 世纪 50 年代提出了“后工业社会”的概念。随着市场的迅猛发展，早期仅停留在公司和商品标志层面的企业经营战略已无法适应新的市场需求。因此，各国开始重新探索并应用企业形象设计，力求建立一套统一、规范、完整的企业识别系统，以传达企业的经营理念并树立鲜明的企业形象。1956 年，著名设计师保罗 · 兰德为国际商业机器公司（IBM）设计了标志，将原本冗长且难以记忆的公司形象标志巧妙地缩写为三个字母，既易于识别又便于记忆，形成了该公司独特的视觉特征（图 1–6）。到了 20 世纪 70 年代，设计师进一步改进了公司标志，将美国国旗与 IBM 标志以蒙太奇的方式巧妙结合，创造出一个充满行业特色和地域文化的标志，象征着高科技公司的精湛技术和雄厚实力。随后，设计师还设计了车牌、车票、指示牌、海报等一体化元素。通过应用的统一化，IBM 成功塑造了一个全新的企业形象，成为美国公众心目中的“蓝色巨人”。

图 1–6　IBM 公司标志

3）成熟期

20 世纪 70 年代，CI 战略在日本得到进一步发展。随着世界经济的逐渐复苏以及世界贸易协定和区域经济共同体的形成，企业经营环境发生了深刻变化。在这样的背景下，CI 战略逐渐成为企业竞争的有力武器，尤以欧美和亚洲国家对 CI 的导入、推进和发展影响最为显著。

20 世纪 70 年代，日本经济飞速崛起，成为世界上最大的电器和汽车输出国，被誉为“世界工厂”。在这一时期，日本紧随美国将 CI 推向了新的高度，并深化形成了具有日本本土文化特色的 CI 理论。日本的 PAOS 公司在借鉴美国和欧洲企业风格设计思想的基础上，成功开发出“设计综合经营战略”项目，成为日本首家专业的 CIS 策划公司。1975 年，PAOS 公司的创办人中西元男为马自达（东洋工业）株式会社制定了详尽的 VI 手册，其以 CI 理念为核心，将企业形象系统化、规范化，无论是大型建筑还是小小的名片，都执行高度统一的视觉效果。通过选择蓝色作为企业标准色，马自达成功地从众多汽车品牌中脱颖而出，成为独特的存在。马自达 CI 策划的成功不仅为日本开发企业识别系统树立了典范，也为日本型 CI 理论奠定了坚实的基础（图 1–7）。中西元男曾这样定义：“日本式的 CI 战略就是将设计与企业理念、经营方针紧密结合，旨在创造美感型企业。”

进入 20 世纪 80 年代，日本的企业界对 CI 的认识和实际运用发生了质的飞跃，不仅在数量上有了飞速发展，还在质量上达到了新的高度。诸如 SONY、日本麒麟啤酒、美能达公司、富士胶卷、三菱物产公司、大荣百货、伊势丹百货、日本电气公司等知名企业纷纷建立了 CI(企业形象识别)系统,创造了众多享誉全球的品牌。

20 世纪 80 年代,中国也开始引入 CI。随着改革开放的深入和东部沿海开放城市经济的蓬勃发展,中国的企业也开始踏上了品牌化道路。太阳神、科龙电器、联想、TCL、乐百氏、海尔、中国国际航空、中国银行、中国建设银行等企业纷纷实施优秀的 CI 品牌战略,开启了中国商业品牌化新时代。1988 年,广东太阳神集团有限公司委托广州新境界专业设计公司为其策划了整套 CI 系统,成为首家导入 CI 战略的中国企业。太阳神的标志由红色圆形和黑色三角构成,形象鲜明地呈现在市场上,整个视觉形象焕然一新。通过媒体的大力传播,太阳神的新形象迅速赢得了消费市场的关注(图 1–8、图 1–9)。太阳神集团因此迅速崛起,成为业内翘楚,年总产值节节攀升,从 1988 年的 520 万元跃升至 1993 年的 12 亿元。太阳神导入 CI 战略的巨大成功引起了商业界和设计界的广泛关注,引领了当时大批民营企业、乡镇企业引进、开发 CI 的潮流,推动了中国各行业全方位导入 CI 设计的新篇章。

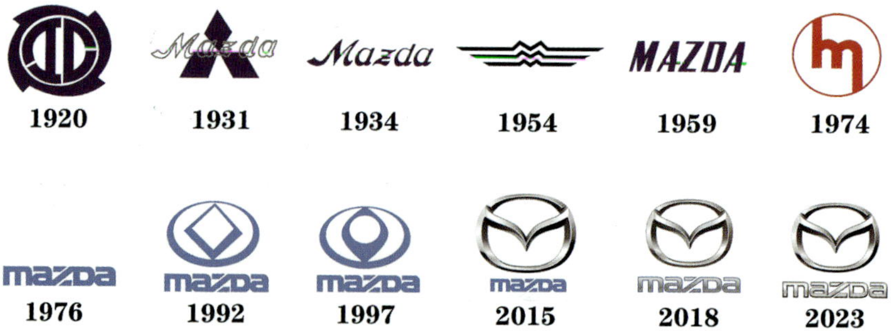

图 1–7 马自达标志的变迁

图 1–8 太阳神标志

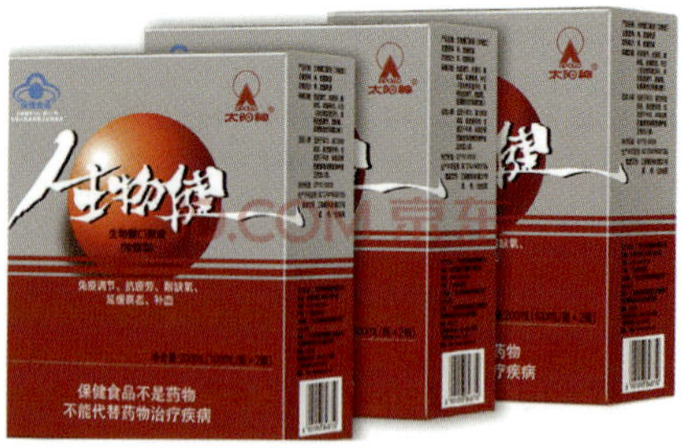

图 1–9 太阳神产品包装

微课:CI 的渊源

1.4.2 CI 构成要素

CI 由三大子系统构成,即企业理念识别——mind identity(MI),企业行为识别——behavior identity(BI),以及企业视觉识别——visual identity(VI)。这三者之间的关系可以通俗地表示为:CI=MI+BI+VI。CI 战略使企业摆脱了过去单纯依赖视觉差异进行形象设计的局限,并逐渐发展成为企业全方位、系统的经营战略。CI 战略并非简单地将 MI、BI、VI 三者进行组合,而是要求三者统一配合,以塑造出良好的企业形象,并提升企业经营管理水平,使企业在市场中脱颖而出,获得竞争优势。优秀的企业形象战略不仅能够直接促进产品销售,更被誉为“赢的策略”和“长期开拓市场的利器”。

一、理念识别（MI）——企业之心

MI 作为 CI 的核心，是 CI 的意识识别形式，即“理念识别”。企业理念是企业在长期发展过程中逐渐形成的独特价值观体系，代表了企业当前及未来一段时期内的经营目标、思想、方式和状态的总体规划。它是企业文化的沉淀和升华，为企业长期发展指明了方向，是整个 CI 系统的理论基础和行为准则。所有的行为活动与视觉设计都需围绕 MI 这一中心展开，并通过 BI 和 VI 准确传达企业的独特文化和精神。理念识别的整合策划并非空中楼阁，它需要正确把握企业脉搏，理性定位，提炼出能够推动战略实施的企业文化的思想精髓，这是理念识别整合策划的关键所在。它主要包括企业精神、使命、经营宗旨、品牌定位、格言、产业构成、发展目标、规划、组织体制、社会责任等，这些元素共同构成了企业文化的意识范畴，能够激发企业活力，调动员工积极性，推动企业的团体精神和行为规范的建设，进而塑造出良好的企业形象，增强企业的市场竞争力。以李宁为例，作为国内领先的运动品牌，2010 年李宁开始进行品牌重塑，采用新的品牌口号“让改变发生”，替代了之前的“一切皆有可能”，向公众传递了勇于挑战、敢于拼搏、实现自我的文化信息（图 1–10、图 1–11）。同样，IBM 公司的价值观从早期的“尊重个人、服务客户、追求完美”演变成今天的“成就客户、创新为要、诚信负责”，这些价值观成为 IBM 不断前行的强大动力。

图 1–10　李宁新 Logo

图 1–11　李宁“体能崛起”系列作品

以下是各个企业的企业精神展示。

美国麦当劳的企业精神：品质、服务、清洁，简称 QSC。

荣氏集团的企业精神：和衷共济，力求进取。

海尔公司的企业精神：产业报国，真诚到永远。

沈阳标准件厂的企业精神：是旗必夺，是弊必改，是才必举，是堵必疏，是福必造。

长春百货大楼的企业精神：开拓创新，争先创优。

中国建设银行的企业精神：植根中国，面向世界，稳步积累。

二、行为识别（BI）——企业之手

BI 即“行为识别”，是 CI 体系的中间层，它代表了企业动态的识别形式，是处理与协调人、事、物关系的动态系统。BI 不仅激发了企业的活力，更是理念传播的行为化表现。企业通过内外动态的行为，如管理、销售、生产、服务等，展示其独特的经营管理方式，同时员工也自觉遵守特定的工作方式和行为准则。这种行为识别将企业的核心理念渗透到每一个角落，从而塑造出卓越的企业形象，赢得外界的认可与好评。BI 分为对内和对外两个方面，对内涉及组织管理，如干部教育、员工培训、行为规范、质量管理、技术研发等；对外则包括公关活动、公益和文化性活动、品牌推广、市场营销、市场调研等。例如，日本的“味之素”企业在 BI 理念的指引下，每年举办“食文化讲座会”活动，从而在民众心中留下了“吃的博物馆”的独特印象。

三、视觉识别（VI）——企业之脸

VI 又称 VIS，是 CI 系统中最具传播力和感染力的部分。它将 CI 中原本非可视化的文化、信仰、精神和哲学等内容转化为具体、可见的视觉识别符号，从而实现企业视觉信息系统的系统化、统一化和规范化传递。VI 塑造了企业独特的形象，被誉为企业的“脸面”。作为品牌营销的强大助力，企业借助特有的视觉形象，将企业文化、经营理念和情报信息有效地传播给外界，展现其良好的品牌形象，建立品牌知名度，增强员工的归属感，并稳定消费群体，提升企业的竞争力。

上述三个子系统共同构成了 CI 的有机整体。若以人的形态结构来比喻 CI，那么 MI 便是 CI 系统的大脑和灵魂，是企业的核心，是 CI 的精神根基；BI 则是 CI 的骨骼和肌肉，代表企业的动态和行为载体；而 VI 是 CI 外部形象的直观体现。若用一棵树来比喻 CI，MI 便是树根，BI 是树枝和树干，VI 则是树叶和花朵。三者各有使命，既相对独立又紧密相连，共同构成了 CI 完整的内涵。我们可以通过图 1–12 和图 1–13 来直观地展示这三者之间的关系。

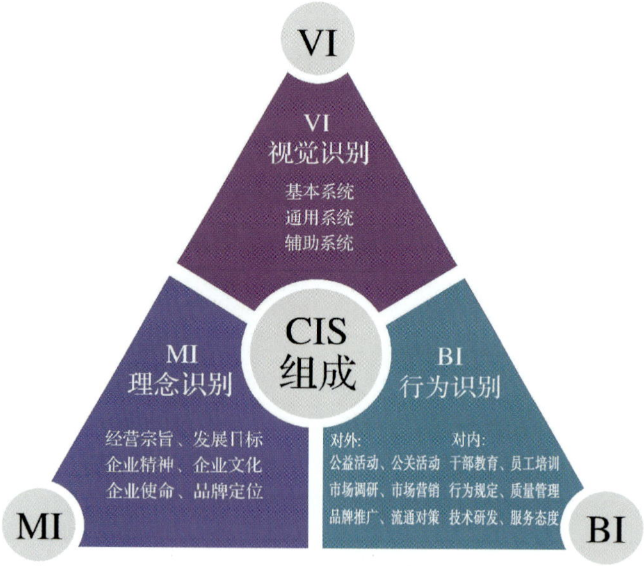

图 1–12　CIS 的组成

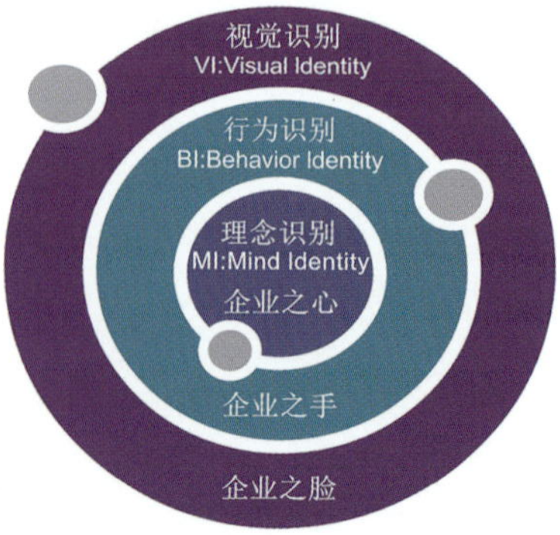

图 1–13　MI、BI、VI 关系图

微课：CI 的概述

1.4.3 VI 设计

研究表明，人们接收和获取的信息中高达 83% 来源于视觉媒介。因此，公众对企业及其产品的直观认知，主要依赖于企业形象视觉识别系统。VI 通过巧妙的设计，将企业的核心理念转化为独特且富有感染力的视觉信息，传达给大众，从而加深他们对企业的认知与记忆，使企业在激烈的市场竞争中脱颖而出。可以说，VI 设计是 CI 体系中最具传播力和影响力的关键环节。无论是塑造品牌形象还是传播企业文化，其本质都在于向市场清晰地传达：“我是谁，我是做什么的。”“请，记住‘我’的名字！”

一、VI 设计的构成要素

VI（视觉识别）系统主要由两大核心要素系统构成：基础要素系统和应用要素系统。基础要素系统涵盖了企业名称、企业标志、标准字体、标准色彩、象征图案、企业形象（吉祥物）、专用字体设计、标志及标准字的变体设计等关键元素。这些元素共同构成了企业视觉识别的基石，确保企业形象的统一性和辨识度。应用要素系统则更为广泛，涵盖了办公用品、广告宣传、公关礼品、产品包装、交通运输、办公服装、建筑环境、陈列展示以及路牌招牌等多个方面（图 1–14）。

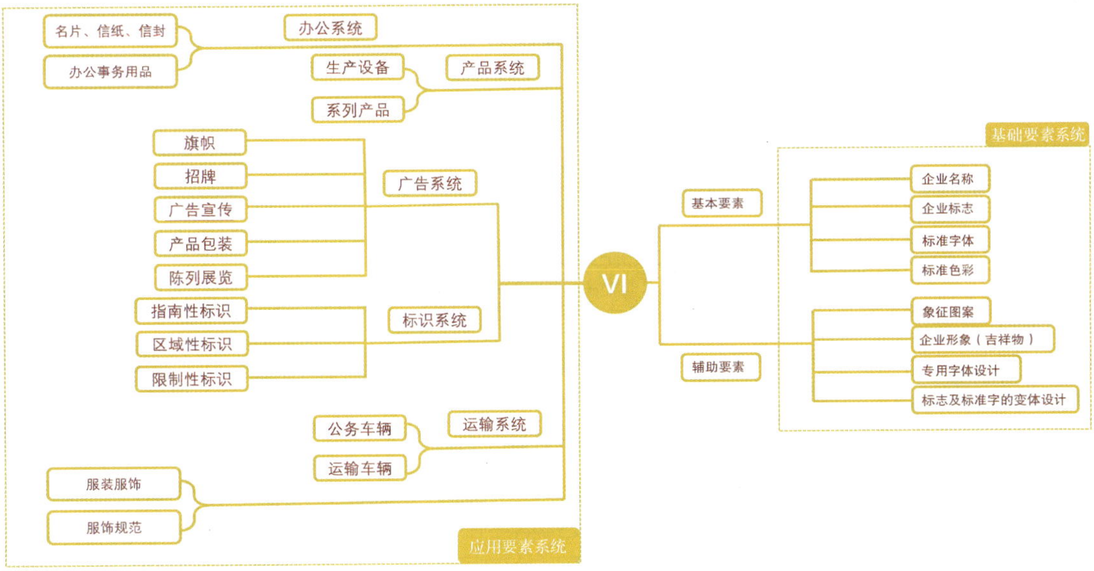

图 1–14　VI 设计的构成示意图

二、VI 设计的基本原则

1. 可实施性原则

VI 系统的核心在于其有效实施。在规划产品设计推广的过程中，必须充分考虑其可行性和实际操作性。不同企业或集团所属领域各异，因此衡量 VI 可实施性的标准也各有差异。制定 VI 设计方案时，需根据企业自身的实际情况“量体裁衣”，确保方案切实可行。可实施性是决定 VI 系统成败的关键因素，必须层层把关，不可有丝毫疏忽。同时，应为 VI 系统制定详尽的操作标准和技术规范，并编写成册，作为企业实施的标准，确保长期遵循并有效实施。

2. 统一性原则

统一性原则在 VI 设计中至关重要，它有助于集中和强化企业形象，形成高度统一的企业形象，确保对外传播的一致性和连贯性。为实现企业的标准化导向，需采用简化、统一、系列、组合、通用等设计手法对企业形象进行一体化设计。简化意味着提炼和概括企业视觉符号，化繁为简，形成易于大众接受和识别的形象系统。统一则要求将品牌和企业形象统一调整，以凸显信息传递的集中性，增强传播效果。系列则涉及标识、广告、包装等企业形象设计元素的系列化规划和设计，形成家族式特征，从而强化企业形象特征。组合则是将 VI 设计中的基本要素组合成固定单元形式，并灵活应用于各应用系统，同时制定禁止组合规范，以保障企业形象传播的统一性。通用则要求设计具有良好的适用性，如标志、文字等参数、尺寸、形式需统一规定，确保放大或缩小后不会产生偏差。

3. 差异性原则

在信息爆炸的时代，企业要吸引目标受众的注意并快速获得大众识别和认可，其形象必须具备个性化和独特性。差异性原则至关重要，它能使企业在众多品牌中脱颖而出。首先，不同行业之间应有所区分，每个行业都有其独特的特质，如化妆品行业的柔美温馨与电子科技行业的严谨理性，在设计时需突出各自的行业属性。其次，同行业企业之间也应相互区分，通过深入调研找出与同行的差异，避免同质化竞争。

图 1-15 所示为医疗器械行业企业标志案例，这些案例充分展示了 VI 设计中差异性原则的应用，每个标志都独具特色，有效区分了不同企业和品牌。

国　际	国　内
SIEMENS Healthineers　Medtronic 美敦力　PHILIPS	mindray　SHINVA
众人耳熟能详的世界级老牌械企，比如美敦力、西门子、飞利浦等，无论品牌还是产品都有一流的形象。	国内医疗产品的领军企业，如迈瑞、新华等，企业独特的产品策略和品牌形象是迅速成长的秘诀。

图 1-15　医疗器械行业企业标志案例

4. 时代性原则

时代在不断演进，人们的审美观念也在持续提升。品牌 VI 设计必须与时俱进，不断推陈出新，以把握时代的脉搏。众多知名企业为了应对竞争环境的变迁，在传承经典品牌形象的基础上，进行品牌重塑，赋予企业形象鲜明的时代气息。以可口可乐为例，其为了巩固自身在饮料市场的领先地位并吸引新一代消费者，2013 年针对中国市场推出了新标识，将“可口可乐”与氧气美女、喵星人、白富美、天然呆、高富帅等 24 个网络流行语相结合，打造了一系列卖萌风格的包装。肯德基作为国际知名的餐饮连锁品牌，其创始人山德士上校的形象深入人心。随着时代的变迁，为了让品牌形象焕发新活力，肯德基的标志自 1952 年企业创立以来已经历了六次改版。每一次的改版都紧密贴合时代发展的脉络和审美潮流的演变，使得以山德士上校为设计原型的标志逐渐成为全球最杰出、最易辨识的标志之一（图 1-16）。

图 1-16　肯德基标志变迁

5. 民族性原则

企业形象的塑造和传播应当凸显和弘扬民族文化，民族文化中蕴含着丰富的艺术元素，为我们提供了源源不断的创意灵感。“民族的就是世界的”，若要打造能够跻身世界知名企业行列的中国企业，必须深深扎根于中华民族文化的沃土，将中国民族文化的精髓融入 VI 设计理念，创造出独具一格的中华民族企业形象。我国众多成功的设计案例，正是通过对上下五千年中国传统文化符号和色彩的深入挖掘，运用“云纹、如意纹、太极八卦、中国结”等传统纹样图案，创造出新颖独特的设计形象。例如，2008 年北京申奥标志中的“中国结”形象（图 1-17）、中国人民银行标志中的“古代布币”形象（图 1-18），都深深植根于民族文化，展现出浓厚的中国特色。

图 1-17　2008 申奥标志（陈绍华）

图 1-18　中国人民银行标志

微课：VI 的概述

1.5　项目范例

世界上一些知名的跨国企业都建立了完整的企业视觉识别系统，展现了企业 VI 设计的视觉效果和设计内涵，以及 VI 设计的有效运用而产生的品牌价值。

可口可乐 VI 设计

案例欣赏一：可口可乐 VI 设计

美国可口可乐公司的成功得益于它对企业视觉识别（VI）的理解和运用，一百多年来，可口可乐公司的标志、包装、广告经历过无数次的打磨和优化，其中唯独不变的是可口可乐深入人心的红色色调，这种视觉体验使得人们在没有可口可乐标志的情况下也能识别可口可乐的产品（图 1–19）。

图 1–19　可口可乐标志变迁

案例欣赏二：百事可乐 VI 设计

百事可乐是继可口可乐之后的美国第二大饮料品牌，1898 年诞生至今，百事可乐为了获得市场竞争优势，一直以新颖的方式进行品牌重塑，其标志经历了十几次版本的改变（图 1–20）。

百事可乐 VI 设计

图 1–20　百事可乐标志变迁

1.6　工作任务实施

工作任务　CI 经典案例调研报告

工作任务描述

通过学习 CI 企业形象设计的理论课程，结合日常生活，走访在 VI 设计方面具有代表性的企业及团体，通过实地调研，让学生直观、深刻地了解 VI 设计的核心价值，还可以进入设计公司调研，熟悉设计师的实际工作环境和真实工作岗位，学习 CI 企业形象设计的工作内容及设计流程，为后续课程实训做好基础理论准备，以达到让学习实训与实际岗位的需求和目标相一致。

任务目标

知识目标：
(1) 通过任务训练，对 VI 设计有相对全面的了解。
(2) 了解学习类比分析的方法。
能力目标：
(1) 通过实地调研，具备细致收集和整理资料的能力。
(2) 具备为品牌进行诊断和分析的能力。
(3) 能撰写调研报告、制作 PPT。
素质目标：
(1) 培养在专业层面的沟通技巧和调研技巧。
(2) 培养细致观察和记录的能力。

思想提升

“博学之，审问之，慎思之，明辨之，笃行之。”仔细理解这句话的含义，想想在接下来的调研活动中我们该如何去做。

建议学时

6 学时

工作流程与活动

工作活动 1：任务确立
工作活动 2：任务制定
工作活动 3：任务实施
工作活动 4：任务评价与总结

工作活动 1：任务确立

引导问题

问题 1：为什么了解企业 VI 设计必须先要了解企业 CI 设计，它们之间有什么联系？
问题 2：什么是 VI 设计，它的基本框架是什么样的？
问题 3：如何做好企业前期调研？怎样才算好的企业调研？

工作任务确立

参观走访当地某个公司或企业集团，并对其进行调研，观察公司或企业集团形象或品牌形象的视觉设计，进行现场资料的收集、拍摄和记录，并在走访后整理和汇总资料，以小组为单位在课堂上进行观后总结分享。

按照走访和调研的流程完成项目任务，选择其中一项内容完成调研任务：

□ 任务一：商业品牌企业的调研

按企业类别分：

产品类○　金融类○　地产类○　餐饮类○　食品类○
医疗类○　药品类○　环保类○　养殖类○

□ 任务二:活动形象设计的调研

按活动类型分:

文学活动○　体育活动○　节庆活动○　艺术活动○

音乐活动○　宣传活动○　戏曲活动○

□ 任务三:文化形象设计的调研

按文化类别分:

城市形象设计○　院校形象设计○　培训机构形象设计○

戏曲机构形象设计○　文学机构形象设计○

工作活动 2:任务制定

工作任务描述

对某大型企业进行走访调研,通过对企业的访谈,了解该企业发展历史、文化背景、经营理念、企业精神、企业发展战略等,考察收集相关标志图片和文字资料,列出该企业的基础要素和应用要素类别,全面了解企业整套形象系统。

活动流程

环节	任务内容	时间进度	负责人	注意事项及要求
环节一	调研目标:联系调研企业,确定调研时间和地点,制定调研活动方案			1. 确定设计主题:指导老师给学生发放“任务清单”,学生完成“任务清单”的填写,确定小组成员任务分工、工作流程、时间节点等。 2. 完成调研工作:根据设计主题内容灵活选取多种调研方式,通过访谈、参观、记录、收集等多种方式进行实地考察调研,明确对 CI、VI 的认识和体会,并完成 500 字的调研报告。 3. 设计实训:通过前期调研的把脉问诊,按任务分工和工作步骤,在指导老师的指引下,完成调研总结 PPT。 4. 提示:在企业、市场调研的时候要注意个人形象符合要求、言谈举止礼貌得体,注意安全
环节二	信息调研:通过上网查资料或电话咨询企业等方式,调研企业的发展历史、企业文化、企业精神、经营模式、战略目标等			
环节三	实地调研:观察、访谈记录、影像记录等着重围绕企业标志,并以标志为主线进行观察,考察企业标志、标准字、标准色、吉祥物等 VI 基础设计元素,以及企业的环境、员工形象、指示系统等应用元素的设计,收集资料(名片、宣传册、手提袋、信封、信纸、水杯等)			
环节四	调研报告:以小组为单位收集调研资料、制定调研报告,并完成企业调研总结 PPT,包括企业文化、经营理念、标志分析、企业形象系统具体实施方法等			
环节五	调研检验:以调研报告的总结归纳、文字表达能力以及资料、视频收集数量、质量为检验标准			
环节六	调研分享:进行项目汇报与分享,总结调研成果,也可提出品牌建议,整理的调研资料可以为后续设计项目做准备			

工作活动 3：任务实施

活动思考

问题 1：企业 VI 设计的内容有哪些？简述 VI 设计的工作流程（工作环节）。

问题 2：VI 设计需要设计师具备怎样的专业素质？

活动实施

实施环节	活动内容	活动安排	活动记录
环节一 职业沟通能力	扫码看资源，学习相关的调研方法和步骤 微课：CI 的概述 微课：CI 的渊源 微课：VI 的概述	学习 1.4 节"知识储备"中的知识点	附表 1：学习笔记 附表 2：任务分配表
环节二 调研方法的练习	在实际工作中，设计师除需要具有扎实的专业技能外，还需要具备调查研究能力。以小组为单位分配角色，进行项目调研，设计调查问卷，提升与他人沟通的能力，对设计师所需要的信息进行有目的的调研。调研结果能够有效解决设计问题，做到真实有效	具体活动 1：角色选择	附表 3：情景模拟表
		具体活动 2：角色扮演	
		具体活动 3：评价	附表 4：情景模拟评价表
环节三 调研总结 PPT	调研总结 PPT： ① PPT 的排版制作； ②文字组织和撰写规范； ③企业 VI 的树状展示图； ④企业调研汇报	具体活动 1：调研总结 PPT	附表 8：项目汇报
		具体活动 2：展示汇报	附表 8：项目汇报

工作活动 4：任务评价与总结

任务评价是过程性的评价，初步的企业调研方案设计、企业调研资料的整理、企业调研报告等都囊括在教学评价内容中，着重于调研组织能力和综合分析能力的评价。

任务评价与总结

一级指标	二级指标	评价内容	分值	自评	互评	教师	客户
工作能力（70 分）	小组协作能力	能够相互传递调研信息，并进行归纳、总结和检验，发现问题，提出问题，解决问题，阐明观点，完成任务	10				
	实践操作能力	市场、企业调研方法的运用能力	10				
		PPT 排版和制作能力	10				
		文案组织和撰写能力	10				
	表达能力	能够正确组织和传达任务设计方案	10				
		能够与他人沟通交流	10				
	创新设计能力	调研报告整体设计和规划的能力	10				
作品得分（30 分）	职业岗位能力	认真负责的态度、团队合作能力	10				
		个人的学习和岗位适应能力	10				
		总结和分析能力	10				
总结							

模块二 实训篇

项目二

VI 设计的灵魂
——标志设计与制作

“标”字的基本含义是标准、标记，“志”字的基本含义是记住、记忆，因此标志最基本的含义和最本质的功能就是通过标记给人们留下深刻记忆，并被人们理解和接受，具有持久、永恒、通用的特性。标志是商标、标记、记号等视觉符号的统称，应用范围涉及社会的各个方面，根据使用场合的不同，可分为徽标、商标、标识，大到国旗、国徽、政府机构，小到集团、企业、学校、团体、产品等，我们都会看到标志的身影。

标志是 VI 视觉识别系统的核心，整个企业识别系统的视觉系统中运用最广、使用频率最高的就是标志。标志以其精炼的形象、丰富的设计内涵将这一视觉符号中的内容、信息、观念准确传达给受众，是一个超浓缩的信息载体，是科学性和艺术性、感性和理性的完美融合。在商品经济社会，标志成为消费者信赖的表征，具有保证信誉、树立形象、推销产品、促进文化交流、强化识别的功能，直接关系着产品的竞争力和企业经济效益，它既有经济价值，又有信誉价值。

2.1 工作任务导入

项目二　工作任务书	
项目名称	标志设计与制作
实训场地	校内实训室、户外实训调研地
项目内容	工作任务 1　文化类标志设计 工作任务 2　商业类标志设计
学习目标	知识目标： 1. 了解标志的基本内涵和发展趋势。 2. 了解标志与 VI 的关系，及其设计的意义和价值。 3. 了解标志设计的三大要素及设计原则。 能力目标： 1. 能对标志进行类别区分，并能阐述各自的特点。 2. 能熟练掌握标志设计的实施环节及实施过程的注意事项。 3. 能根据项目要求灵活运用所学知识完成标志设计。 素质目标： 1. 培养自我学习能力、语言表达能力和市场调研能力。 2. 具备艺术和设计素养，理解标志功能和审美的需求。 3. 具有项目沟通和团队合作的能力
工作任务	1. 任务形式：指导老师带领学生确定主题，选定学校合作的企业单位或团体组织，以实际项目为依托，按“大项目”到“小任务”的流程完成相关的实训任务，按实际工作流程循序渐进推进工作任务。 2. 任务要求：(1) 划分工作小组，分工协作；(2) 每人填写一张工作表格；(3) 完成项目委托单位（甲方）标志设计的前期调研、草图设计、终稿确认等工作，并用 PPT 进行汇报

续表

工作任务	3. 建议学时:16		
	任务	内容	学时
	工作任务 1:文化类标志设计	01 前期项目了解沟通	8
		02 项目调研分析、资料整合	
		03 标志定位和草图绘制	
		04 标志沟通与调整	
		05 标志定稿与制作	
		06 标志的设计诠释、标准化制图	
		07 标志设计汇报 PPT	
	工作任务 2:商业类标志设计	01 前期项目了解沟通	8
		02 项目调研分析、资料整合	
		03 标志定位和草图绘制	
		04 标志沟通与调整	
		05 标志定稿与制作	
		06 标志的设计诠释、标准化制图	
		07 标志设计汇报 PPT	

2.2 小组分工与协作

课前:请同学们分组协作完成工作任务,并在下面的表格中填写每个小组的任务分工和专业成长记录。

班级		组名		指导老师
组长		学号		
组员	姓名	学号	姓名	学号

续表

小组任务分工：
专业成长记录：

2.3 知识导入

问题 1：简述标志设计的历史起源和发展趋势。
问题 2：标志设计的构成元素有哪些?
问题 3：简述标志色彩在各个行业中的运用规律。

2.4 知识储备

2.4.1 标志文化根源及历史发展

中国标志的历史可谓源远流长，从原始社会部落的图腾崇拜，直至明清时期的吉祥符号，无不展现出我们祖先丰富的想象力和创造力。图腾，这一源自印第安语的词汇，意为“标记”，它存在于世界各民族的文化之中，是永恒的文化遗产。我国古代的原始居民亦有着深厚的图腾崇拜传统，这些原始图腾不仅具备现代标志的某些特征，更在团结群体、维系组织以及区分彼此方面发挥着重要作用。在原始社会时期，人们常将自然界的日、月、星、树木、动物等事物奉为氏族的图腾，并予以崇拜。新石器时代的彩陶艺术中，诸如“人面鱼纹”（图 2-1）及龙纹等纹样，便是当时图腾崇拜的生动体现。传说中的女娲氏族以蛇为图腾（图 2-2），夏禹祖先以黄熊为图腾，商朝则以玄鸟为图腾，周朝更以凤为图腾。这些图腾是原始人对自然界中不可理解现象的神秘化解读，他们寄希望于这些具有神秘力量的物种能够主宰吉凶、趋利避害，并视之为保护神。随着时代的演进，这些图腾逐渐演化为族旗、族徽，成为战争和祭祀活动的标志，而在国家形成之后，它们又进一步转化为国旗、国徽，成为国家的象征和标志。

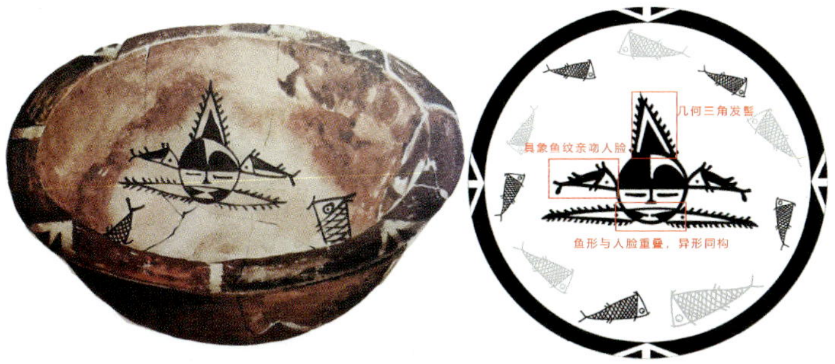

图 2-1　人面鱼纹彩陶

图 2-2　蛇图腾

原始人还会在器物上绘制简单的记号或符号，如彩陶上的鱼、蛙、人面、鹿以及各种植物、文字、符号等装饰图形。马家窑舞蹈纹彩陶盆上，生动地刻画了三组舞蹈形画面，每组均有五人，形象逼真地再现了五千年前原始社会先民们集体欢歌载舞的情景（图 2-3）。而马家窑蛙纹彩陶向我们揭示了蛙纹到原始龙图案的三部曲演变历程，从最初的蛙纹（图 2-4），到蛙图腾和蛙神，最终发展成雏形龙图案，整个演变过程都与先民们避免和战胜水患的渴望紧密相连。进入商周时期，奴隶主贵族的青铜礼器上出现了一种代表权威的纹样——“饕餮纹”（图 2-5），随着文字的产生，铜器上又逐渐出现了“铭文”。这些图形和文字符号不仅丰富了当时的艺术表达形式，还为后来的商品交换和商标的出现奠定了坚实的基础。

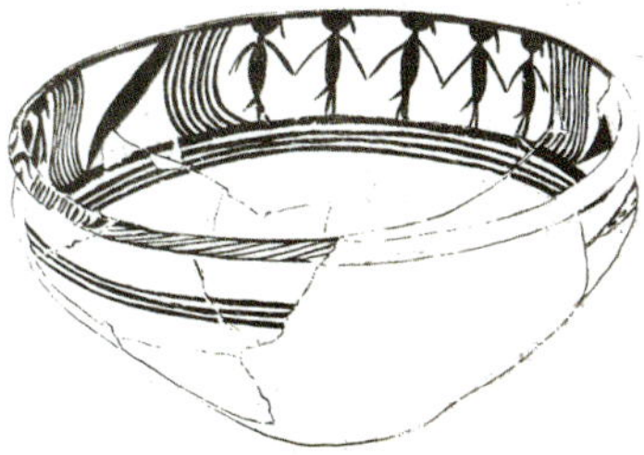

图 2-3　马家窑舞蹈纹彩陶盆

图 2-4　马家窑蛙纹彩陶

图 2-5　饕餮纹

随着社会政治经济的蓬勃发展，商业活动日益广泛和频繁，商标在封建社会中逐渐崭露头角，迎来了初步繁荣。产品制造者和销售者开始在商品上刻印标记，旨在区分同类产品，并方便消费者识别品牌，进行购物选择，这为现代商标的形成奠定了坚实的基础。中国的雕刻文字源远流长，最古老的甲骨文、钟鼎文、石鼓文等见证了中华文化的深厚底蕴。随后出现的印章、泥封、印记、幌子等，都充分展示了中国古代商业的初步成型与蓬勃发展。例如，长沙马王堆 1 号汉墓出土的“封泥”，上面印有“轪侯家丞”字样（图 2-6），这不仅是轪侯家总管的身份象征，更是战国时期公私文书保密制度的重要见证。封泥始于战国，盛行于秦汉，它作为文书的保密手段，通过加盖印章的泥封来防止他人私自拆看，存放封泥的木匣则被称为封泥匣。此外，战国时期的陶器、汉代的铜镜、唐代的瓷器等物品上，也常常可以看到标明生产者姓氏和产地的印记。南北朝时期的陶器上，甚至出现了工匠“郭彦”的署名标记；唐代邢窑白瓷上则刻有“王”“翰林”等款识。而在唐代，不少商铺和作坊也开始使用幌子（又名招幌）、牌匾、招牌等标识形式（图

2–7),这些早期的标识在商业贸易中起到了举足轻重的作用。

我国的国民工业,历经数百年风雨洗礼的“老字号”,始终深谙中国文化氛围的营造之道。到了宋朝,这种文化氛围的渲染更是日趋完善。例如,现珍藏于中国国家博物馆的北宋时期“济南刘家功夫针铺”广告青铜版(图 2–8),便是世界上最早且最为完备的商标广告文物之一。青铜版上方横刻着“济南刘家功夫针铺”的字样,中间则以“白兔捣药图”作为独特的标志形象。这一设计巧妙地将产品商标、广告词、产品质量保证以及服务承诺等元素融于一体,刻制成青铜版后,更是通过印刷成小广告的形式广泛分发。这种前卫的设计理念已然具备了现代标志的基本特征,充分展现了当时商标、品牌与广告的融合,堪称中国最早的企业宣传形象之一。然而,这些早期的商业活动基本上是分散进行的,缺乏完整、系统、科学的设计规划与统筹。

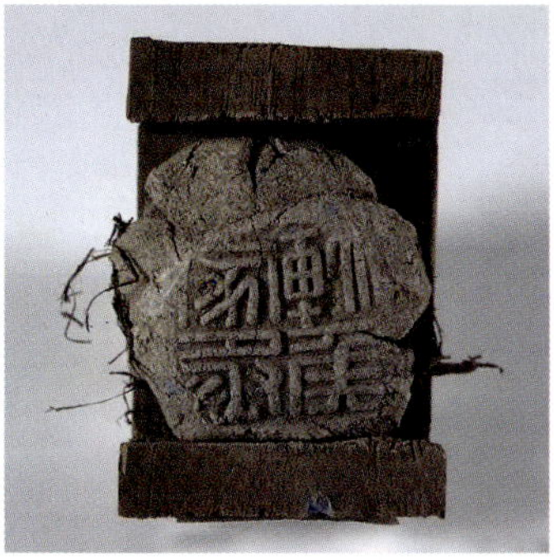

图 2–6 “轪侯家丞”封泥

图 2–7 药店幌子

图 2–8 山东济南刘家功夫针铺青铜版

我国商标管理的历史可以追溯到清末时期。清光绪三十年(公元 1904 年),我国首部商标法规《商标注册试办章程》得以颁布,这标志着商标法在中国的正式实施。然而,值得注意的是,这部章程中的大多数条款实际上是服务于帝国主义对中国的侵略,带有鲜明的半殖民地半封建色彩。随着商标法的建立,一批富有创意的商标也应运而生。这些商标多以神话故事、民间故事为题材,寓意深远,大多象征着美好、团圆和幸福。例如,大同药店的“寿星牌”商标、光华火柴公司的“和合牌”商标,都传达了吉祥如意的美好愿景。此外,还有一些商标采用简单的图文组合形式,如商务印书馆商标(图 2–9)和冠生园商标(图 2–10)等,这些商标简洁明了,易于识别和记忆。

五四运动之后,随着反帝反侵略的呼声日益高涨,一些具有特殊寓意的商标相继出现。例如,“钟”牌毛巾被单商标(图 2–11)和“抵羊”牌毛线商标(图 2–12),它们的名称都蕴含深意,分别代表着“警钟长鸣”、“抵制洋货”和“反对侵略”的坚定立场。这些商标不仅体现了当时社会的时代特征,也展示了民族工业的崛起和自强不息的精神。

1950 年,新中国颁布了《商标注册暂行条例》,这一举措标志着商标发展正式迈入了一个崭新的历史阶段。在这一时期,众多卓越的商标和标志应运而生,其中包括深受大众喜爱的“永久”牌自行车、“英雄”牌钢笔、“蝴蝶”牌缝纫机以及“金鸡”牌鞋油等。特别值得一提的是中国铁路的标志,它被誉为“二十世纪中国十大经典标志”之一(图 2–13)。这个标志巧妙地融合了“工”和“人”两个汉字,通过艺术化的处理方式将它们合二为一,形成了火车头和铁轨断面的图案。这一设计不仅将工人、火车头、铁轨三者融为一体,凸显了行业的鲜明属性,而且构思精巧,造型挺拔坚实,充分展现了时代的特征。

图 2-9　商务印书馆商标

图 2-10　冠生园商标

图 2-11　“钟”牌毛巾被单商标

图 2-12　“抵羊”牌毛线商标

图 2-13　中国铁路标志

2.4.2　标志设计的三要素

标志是由图形、色彩和文字三大要素精心构筑而成的，设计过程中常融入图形、汉字、字母、数字等多种元素，这些要素若运用得当，便能在有限的空间内巧妙地向人们传递丰富的信息，使标志在众多的设计作品中独树一帜、熠熠生辉（图 2-14）。

标志构成形式
- 图形
  - 具象图形
  - 抽象图形
- 图形、文字相结合
- 文字
  - 中文
  - 英文
  - 数字

图 2-14　标志构成形式图例

一、图形

“图形”的英文表达为“graphic”，它是指通过绘画、书写、雕刻、印刷等手段创造出的图画符号，具备说明性的功能，旨在向他人传递信息、交流思想和观念。美国知名艺术史学家菲利普 · 梅洛斯曾深刻指出：“若图形不具备象征意义或词语内涵，那么它便不再属于视觉传播的范畴，而转化为美术作品。”德国视觉设计大师冈特 · 兰堡也强调：“图形设计通过形态的变化，将社会事务浓缩为视觉符号、标记或代码，从而赋予其政治、经济、宗教或文化运动等多重价值，以表现各种主题。”由此可见，图形作为信息交流的媒介，其功能性尤为突出，与常规的美术、图案作品有着本质的区别。美术、图案作品主要追求美的创造，反映社会与生活，通过描绘展现画家对生活的理解、对社会的看法，有时也是作者情感的表达。图形则蕴含着深刻的信息内涵，正如那句“一个好的图形会说话”所言，它能够超越民族和地域的界限，成为一种普遍且有效的沟通与交流方式。在标志设计中，图形作为常用的设计元素之一，通常可以细分为具象图形和抽象图形两大类别，相应的标志设计也被称为具象图形标志和抽象图形标志。

1. 具象图形标志

具象图形标志是以自然与生活中具体物象的自然状态为基础，经过高度概括和提炼而成的标志表现形式。这种标志构思手法注重拟形取神，旨在通过形象化的方式传达深层含义。具象图形标志以其表现自由、通俗性强的特点，能够轻易地被社会大众识别和接受。具象图形的设计灵感主要来源于生活和大自然中的人物、动物、植物以及风景等造型。这些图形特征鲜明、生动，由于贴近日常生活而具有强烈的感染力。值得注意的是，具象图形并非对客观物象的简单复制，而是经过精心的高度概括、加工和提炼，去除烦琐，保留精华，使"形"更加生动有趣，更具艺术性和传达力。

1）人物

人物形象标志涵盖人形、五官、表情、手足等多个方面，是情感传递的重要媒介（图 2-15）。在标志设计中，不同的人物形象元素都承载着丰富的内涵。例如，眼睛作为心灵的窗户，常寓意观察、发现与睿智；手足象征着劳动、创造、关爱与号召；心则传达出关爱、呵护与健康的情感；而肢体的动态展现了优美、协调、起伏与节奏感，满足了人们对美的追求与感悟。人物形象作为标志设计元素，具有强大的亲和力，易于被大众理解和记忆，对品牌性格的塑造和推广具有积极作用。例如，老蜂农的标志设计巧妙地将古朴蜂农的形象与"老蜂农"三个字的古代注音"ㄌㄠ ㄈㄥ ㄋㄨㄥ"相结合，不仅展现了中国深厚的文化内涵，还成功打造了蜂产业的知名品牌（图 2-16）。京都念慈菴的品牌标识"孝亲图"则呈现了一幅品牌创始人侍奉患病母亲的动人画面，传递了慈孝之美与医药之真的价值观，使"京都念慈菴"品牌成为"优质中药"的代名词（图 2-17）。

图 2-15　茶颜悦色标志　　图 2-16　老蜂农标志　　图 2-17　京都念慈菴标志

2）动物

在标志设计中，动物形象凭借其丰富的寓意和独特的创意形式，成为不可或缺的设计元素。这些动物形象可依据其来源分为两大类。一类是自然界中真实存在的动物，它们各自承载着不同的象征意义（图 2-18）。例如，丛林黑豹以其矫健的身姿和迅猛的速度，被赋予勇气、力量和威严的寓意，常见于汽车行业和职业运动队的标志中。狮子和鹰作为力量与威严的代表，常被用于各国的国徽设计，彰显国家的权威与实力。鸟儿的形象则象征着自由、翱翔与洒脱，因此在航空领域的标志设计中颇为常见，如厦门航空的白鹭标志，既体现了航空行业的特性，又富有艺术美感（图 2-19）。鸽子作为和平、友谊与团结的象征，常出现在如"国际和平日"和"中国青年志愿者协会"等标志中，传递着和谐与友爱的信息（图 2-20）。马的形象则代表着领先与速度，常见于赛马会等运动类标志中。另一类动物形象则是通过虚构和想象创造出来的神兽，它们带有吉祥和美好的寓意。这些神兽形象如凤凰、麒麟等，都承载着深厚的文化内涵和人们的美好愿望，被广泛运用于各类标志设计中，为品牌或活动增添独特的魅力与内涵。

3）植物

花、草、树、木、瓜果、蔬菜等植物元素在标志设计中也发挥着举足轻重的作用。以瑞士－加拿大资产银行标志为例，设计师巧妙地将象征加拿大的枫叶与象征瑞士的十字国旗图案相结合，通过变化组合，巧妙地传达出“合资”与“合作”的意念（图 2-21）。苹果公司的标识则是一个被咬了一口的苹果形象，这个设计不仅简洁明快，而且富含深意。在希腊神话中，苹果是智慧的象征，亚当和夏娃因食用苹果而获得了思想，这一设计巧妙地表达了苹果公司勇于向科学进军，不断探索未知领域的理想（图 2-22）。而阿迪达斯的蓝色三叶草标志同样设计感十足，其简约大气的风格与地球立体三维的平面展开相呼应，象征着阿迪达斯运动力量已延展至全世界（图 2-23）。

图 2-18　七匹狼男装标志

图 2-19　厦门航空的白鹭标志

图 2-20　中国青年志愿者协会标志

图 2-21　瑞士－加拿大资产银行标志

图 2-22　苹果公司标志

图 2-23　阿迪达斯标志

4）建筑

古今中外的各种建筑造型及其纹样与文字的结合，为标志设计提供了丰富的创意来源（图 2–24、图 2–25）。其中，中国国家大剧院的标志设计巧妙地将剧院的建筑外观与环境相融合，犹如“浮在水面的明珠”，简洁而现代的字体设计更是凸显了国家大剧院的现代感，令人过目难忘（图 2–26）。广东省博物馆的标志则巧妙地将汉字“藏”字与博物馆的外观相结合，不仅点明了博物馆的行业属性，还将广东省博物馆独特的建筑风格巧妙地融入标志设计中，使其既具有文化内涵又富有创意（图 2–27）。

图 2–24　杭州城市标志

图 2–25　武汉城市标志

图 2–26　中国国家大剧院标志

图 2–27　广东省博物馆标志

5）山水火电

自然景观同样是标志设计的重要灵感来源，它们蕴含着丰富的内涵与象征意义。太阳作为自然界中的光明之源，象征着明亮、希望、活力与健康，为标志设计带来了温暖与活力的气息。山峦则代表着威严、稳固与强大，其雄伟的姿态为标志注入了力量与稳重感。而水作为生命的源泉，象征着自由、健康与流动，为标志带来了灵动与清新的感觉。以 G20 杭州峰会会标为例，设计师巧妙地运用 20 根线条构筑起桥梁与倒影的形象，将杭州独特的风景融入其中，使标志不仅具有现代感，更凸显了举办地的地域特色（图 2–28）。再如桂林的城市标志设计，将“桂林”字样与当地的山水元素解构重组，通过山水与倒影的巧妙组合，勾勒出“桂林”的字形，使文字与桂林山水的风貌完美融合，既传达了旅游目的地的特色，又展现了标志设计的艺术魅力（图 2–29）。

图 2-28 G20 杭州峰会会标

图 2-29 桂林城市标志

2. 抽象图形标志

在标志设计的抽象表现手法中，通过运用点、线、面等抽象符号来表达特定的抽象概念与意义，这些抽象符号突破了具象形式的局限，赋予了标志强烈的现代感、符号感和神秘感，极大地增强了其记忆点。抽象图形标志往往形式严谨、深刻，同时又简洁明快，充满了耐人寻味的艺术魅力。然而，由于其形态的抽象性特点，这类标志有时也可能引发人们在理解上的不确定性，这也是抽象图形标志所特有的魅力。

点、线、面是构成形体的基本要素，几何形体则是人们在长期的实践中，受自然的启发而创造的抽象图形，如圆形、椭圆形、三角形、正方形和菱形等。这些几何图形通过分解、重构、变形、叠加、相接、相减等多种手法，可以演绎出无数新颖独特的形态。2008 年北京申奥标志出自陈绍华先生之手，他深入挖掘民族文化的深层内涵，巧妙地运用了中国传统笔墨的写意手法。他将奥运五环、五角星、中国结、太极人形等元素完美融合，几笔勾勒便呈现出拳法动态的流畅与神韵，能量与气韵贯穿其中，赢得了世界的广泛赞誉，树立了崭新的中国形象（图 2-30）。广州地铁的标志则以两根铁轨为基础，构建了一个简洁明快的羊角造型，象征着铁轨的无限延伸，寓意着交通的四通八达与城市的欣欣向荣。同时，标志还巧妙地结合了广州别称羊城（Yangcheng）中的 “Y” 元素，凸显了地域特色与行业属性（图 2-31）。

图 2-30 2008 年北京申奥标志（陈绍华）

图 2-31 广州地铁标志

二、文字

文字标志是以中文、拉丁字母、数字等作为主体，通过装饰、夸张、变形等设计手法精心塑造而成的标志形象。它既能表达形状，又能传达意义，具有极强的可视性、可读性和感染力，堪称一种表现力卓越的标志符号语言，因此在标志设计领域中占据着举足轻重的地位。在世界范围内，许多知名企业及著名商标都选择采用文字标志，以凸显其品牌特色与文化内涵。在设计文字标志时，我们需格外注意，不能为了追求特定的形态而牺牲文字的可读性，也不能简单地使用常见的字体而降低其识别度。我们必须在保持字形基本特征的基础上，巧妙地运用设计手法，突出文字的个性与特色，使其既能被受众轻易理解，又能引起他们的关注与共鸣。

1. 汉字标志

汉字作为标志元素，独具我国的风格与特色，正日益受到世界瞩目与赞赏。汉字，这一中华民族特有的视觉符号，不仅是记录语言和交流信息的重要工具，更是承载着中华民族深厚文化内涵和艺术魅力的瑰宝。历经数千年的演变，汉字从原始图形符号、象形文字逐渐发展为金文、小篆、隶书、楷书、行书、草书等多种字体，岁月的沉淀使汉字兼具实用性和艺术性，成为当代标志设计的热门选择。汉字的演变过程也映射出历史文化的变迁，它以图形、象形为基础，逐步演进为音、形、意三位一体的文字系统，在识别性、表意性、可读性方面展现出独特的优势。因此，汉字无疑是最具艺术感和传达力的标志设计元素之一。在文字标志设计中，设计师在保留原有字体结构的基础上，运用对称、均衡、虚实等形式美法则，对汉字进行简化、夸张和变形，以增强其现代感和设计感。以企业或品牌名称为题材的汉字标志，设计时经常将全称或其中的某个字作为设计素材，进行独特的处理，使其既保留汉字的韵味，又融入现代设计元素（图 2–32、图 2–33）。

大木设计中国
CHINAROOT DESIGN

图 2–32　大木设计标志（陈幼坚）

LUNG KING HEEN

图 2–33　龙景轩标志（陈幼坚）

2. 拉丁字母标志

拉丁字母作为国际通用的语言文字，在品牌标志设计中占据着举足轻重的地位。目前，许多国际知名品牌都选择以拉丁字母作为标志形象，这种趋势不仅体现了标志强大的识别性，也预示着未来标志设计的发展方向。在标志形式上，既有单字母标志，也有单词首字母组合标志。前者通常以企业或机构名称的首字母进行设计，如香奈儿（CHANEL）、倩碧（CLINIQUE）、麦当劳（McDonald’s）、古驰（GUCCI）等，它们的标志设计都以品牌名称的首字母为创意点（图 2–34 至图 2–37）。华纳兄弟娱乐公司、路易威登（LV）等的标志则采用英文首字母组合的方式进行设计，同样富有创意和辨识度（图 2–38、图 2–39）。此外，字母组合标志也颇为流行，如迪奥（Dior）、联想、必胜客等的标志，它们以多个字母组合成独特而富有内涵的标志形象。

图 2-34　香奈儿标志　　图 2-35　倩碧标志　　图 2-36　麦当劳标志

图 2-37　古驰标志　　图 2-38　华纳兄弟标志　　图 2-39　路易威登标志

联想集团的品牌建设历程中，其标志经历了不断的演化和更新。在 1984 年至 2003 年期间，联想的标志主要由"图标 + 联想 +LEGEND"三部分构成。为了推动国际化发展，2003 年集团进行了重大调整，将"LEGEND"更名为"lenovo"。其中，"novo"源于拉丁词根，寓意着"新意"；"le"则取自原先的品牌名称"Legend"的前两个字母，整体传达出"创新的联想"之意。到了 2015 年，联想再次进行标志更新，将沿用多年的斜体中英文组合标志替换为全英文设计，并采用更为现代的等线体，使标志形象更加简洁时尚，凸显了联想集团作为国际品牌的形象（图 2-40 至图 2-42）。

图 2-40　联想第一代标志　　图 2-41　联想第二代标志　　图 2-42　联想第三代标志

宝洁公司作为全球领先的日用消费品巨头，其业务涵盖洗发水、护肤用品、化妆品、婴幼儿护理、饮料以及家居护理等众多领域。在品牌管理方面，宝洁注重商标与产品品牌的独立性，每个品牌都拥有其专属的标志，呈现出各自独特的视觉形象。从宝洁的企业标志到旗下知名品牌如博朗、吉列、欧乐 B、帮宝适、沙宣、飘柔等的标志，它们的设计多数采用了字母组合的方式，既体现了品牌的专属性，又彰显了宝洁在品牌设计上的匠心独运（图 2-43 至图 2-45）。

图 2-43　宝洁的企业标志　　图 2-44　吉列标志　　图 2-45　沙宣标志

3. 数字标志

阿拉伯数字是由"0"至"9"这十个字符组合演化而来的，用以表达各种特定的意义，诸如时间、气温、金额、次序、年份等。作为我们日常生活中频繁接触的符号，数字以其简洁明了的特点，易于被消费者记忆和理解。在运用数字元素进行标志设计时，我们应基于品牌定位，创造出千变万化的数字标志。例如，"7-Eleven"便利店、7 天连锁酒店、361°服装品牌、三九胃泰、555 香烟等的标志均巧妙地运用了数字元素，形成了独特而富有辨识度的品牌形象。

国际连锁便利店“7-Eleven”的命名起源于1946年其营业时间的调整，即从上午7点至晚上11点，因此将原先的“Tote’m stores”更名为“7-Eleven”。在2019年，品牌进行了重塑，由洛杉矶设计师Adhemas Batista主导，进行了简化升级与视觉识别的修改。新标志将数字“7”与“Eleven”从原有的方框背景中解放出来，让它们自由穿插，更加凸显数字元素本身，从而吸引消费者的目光(图2-46)。同样，7天连锁酒店也采用了数字“7”作为其核心识别元素。新标志在保持这一经典数字标记的基础上，延续了品牌的年轻价值主张。在字体设计上，新标志更为纤细，细微之处进行了圆角处理，整体感觉更加柔和。同时，标志颜色换成了更为明亮的柠檬黄和天蓝色，使得整个标志在造型和颜色上都显得更为年轻时尚(图2-47)。

4. 标志的综合表现

1) 中文、英文、数字组合

经济半小时标志的创意灵感源自“经济”“半小时”及“经济半小时”这三个核心概念。在标志设计中，左半部分巧妙地运用了“Economy”的首字母“E”，右半部分则创新地以“30分钟”中的“3”为元素。在标志的中间结合部分，巧妙地留出了空白，嵌入汉字“半”，使整个标志既富有创意又易于识别。在色彩选择上，标志采用了蓝色和红色的搭配。蓝色代表着信息、科技与管理，赋予标志一种现代科技感，充分展现了现代经济的特色与栏目的主旨。红色则象征着生命的活力，带给人们一种蓬勃向上的视觉感受，体现了栏目所追求的经营理念与活力(图2-48)。

图2-46　7-Eleven旧、新标志

图2-47　7天连锁酒店旧、新标志

图2-48　经济半小时标志

2) 文字与图形组合

娃哈哈的标志以儿童笑脸图形为核心，充分展现了产品的亲近与可爱特质，凸显了其定位及安全健康的经营理念。该标志设计灵感来源于开怀大笑的儿童形象，经过巧妙组合，形成了充满亲切与可爱气息的卡通造型，既契合企业名称，又贴合产品形态。在色彩选择上，标志以中国传统红色为主调，既展现了公司持久的生命力，又预示着娃哈哈公司繁荣兴旺的发展前景(图2-49)。

蓝月亮的标志设计经过了陈幼坚的改良，他将“蓝月亮”三个字巧妙地融为一体。其中，“亮”字的设计犹如一弯初升的明月，整体以蓝色为主色调，与品牌名称相得益彰，既传递了品牌的清新与纯净，又增强了视觉识别度(图2-50)。

食品饮料企业乐百氏集团的标志设计独具匠心，以汉字为基础进行创意发挥。设计师巧妙地将字的外形打散并重新组合，使三字的首笔相连，形成了一个整体图形。这一设计既保留了汉字的识别性，又增强了视觉冲击力，通过美术字体的变体手法，为标志设计增添了趣味性和独特性(图2-51)。

3) 文字、数字图形化

永久自行车标志就是将文字“永久”图形化，标志既简单易懂，又不影响文字的识别性(图2-52)；香港回归标志就是以阿拉伯数字97为创意图形，红色的9字中间的白色紫荆花象征香港回到祖国怀抱(图 2–53)。

图 2–49　娃哈哈标志

图 2–50　蓝月亮标志

图 2–51　乐百氏标志

图 2–52　永久自行车标志

图 2–53　香港回归标志

三、色彩

“远看花色，近看形”这句话精妙地阐释了色彩在视觉传达中的核心地位。色彩作为标志设计的关键元素，其选择至关重要。标志的色彩往往是首先被人们感知的部分，它能够产生深刻的记忆点，具有引人注目的效果。心理学研究显示，在观察物体的最初几秒内，人们对色彩的感知占比高达 80%，而形体感知仅占 20%；两分钟后，色彩感知仍占 60%，形体感知升至 40%；而五分钟后两者各占一半。由此可见，色彩在标志构成要素中扮演着“最直接、最有力、最永恒”的角色，其优势远胜于文字和图形。经验丰富的设计师常常借助色彩的精妙运用，传递企业的独特信息，触动人们的情感，激发美好的联想。

在标志色彩的设计过程中，设计师需要综合考虑品牌定位、产品特性以及受众群体等因素，并结合色彩的属性(色相、明度、纯度)，从视觉、心理和生理等多个维度进行深思熟虑。通过精准运用色彩，设计师能够传达出企业的文化、精神和理念，创造出更具艺术性、创新性、视觉冲击力和感染力的标志。恰当的色彩运用有助于更好地诠释标志的主题思想，表达情感，进而塑造出稳定而鲜明的视觉形象。

1. 单色标志

单色标志是指采用单一色彩来表现的标志，其特点在于轮廓鲜明、简洁有力，且广泛适用，易于推广制作。目前，单色标志多倾向于使用色彩饱和度较高的颜色，相较于暗淡的色彩，这类颜色更能吸引人们的目光。标志的图形色彩还需与周围环境相协调，若色彩与周围环境形成鲜明对比，则能在复杂环境中脱颖而出，设计的视觉冲击力较大，容易引起目标观众的注意，从而留下深刻印象。在色彩设计中，设计师不仅需遵循色彩属性规律，还需深入理解色彩的象征意义，因为不同的色彩能够引发人们不同的想象和情感反应。

红色在可见光谱中拥有最长的光波，极易引起人们的注意，它充满激情，象征着热情与活力。因此，红色被广泛应用于运动品牌、保健行业、传统文化、石油、化工等领域，如李宁、安踏、康佳等品牌，都通过红色传达出热情、活力、动感与健康等积极形象。以“可口可乐”的红色标志为例，它作为“色彩战略”的典范，一直沿用至今，展现了产品青春、健康、活力与向上的形象，完美诠释了可口可乐的产品内涵，赢得了全球消费者的广泛喜爱(图 2–54)。中国银行的标志则以中国红为主色调，结合传统的方孔圆币造型，巧妙体现了金融业的行业特色（图 2–55）。

图 2–54　可口可乐标志

图 2–55　中国银行标志

黄色作为纯度最高的色彩，总能让人联想到光芒万丈的太阳，普照大地，它象征着力量、辉煌、富有、希望与光明。在古代，黄色更是皇家权力和财富的象征，因此在食品、百货、照明、艺术等行业中得到了广泛应用。法拉利汽车的标志以黄色为主色，灵感来源于其家乡摩德纳，标志上绿、白、红三色则取自意大利国旗，黄色背景寓意着光明与希望，与黑色的神秘感相得益彰，共同构成了一幅动人心弦的画面（图 2–56）。麦当劳的黄色则传递出温暖、活泼、朝气蓬勃的气息，令人心生欢喜（图 2–57）。

图 2–56　法拉利标志

图 2–57　麦当劳标志

绿色，如同植物的色彩一般，温和而清凉，总能带给人亲近感，因此，绿色被视为和平与生命的象征。由于绿色代表的生命体经历着诞生、发育、成长、成熟到衰老的过程，绿色也呈现出不同阶段的变化。黄绿、嫩绿、淡绿，宛如春天的气息，象征着作物的稚嫩、生长、青春与旺盛的生命力；而艳绿、墨绿、浓绿，如同夏日的繁茂，代表着作物的茂盛与健壮；灰绿、褐绿则透露出秋季的沉静，意味着农作物的成熟。因此，农业、环保、美容、饮料、医药等行业的标志多选用绿色。中国农业银行的标志以大自然的绿色为主色调，象征着生机、收获、纯朴与稳健，展现了其诚信高效的美好形象，同时寓意着事业的蓬勃发展（图 2–58）。星巴克的标志中，绿色的美人鱼形象给人带来清爽、平静、悠闲与舒适的心理感受，令人流连忘返（图 2–59）。此外，绿色食品认证标志、环境标志等也都以绿色为主色调，强调有机、无污染、自然与保护的理念（图 2–60）。

图 2–58　中国农业银行标志

图 2–59　星巴克标志

图 2–60　中国环境标志

在三原色中，蓝色拥有最短的波长，它的刺激性较小，容易使人的情绪变得安宁。人们对蓝色最直观的联想往往是深邃的大海和蔚蓝的天空，蓝色具有深远、清凉、沉静、理智和内敛的心理特征，因此也被视为幸福色，寓意着希望，充满科技感。在电子、体育、工业、金融等行业，蓝色得到了广泛应用，如联想、中国移动、建设银行等知名品牌。中国建设银行的标志以古代圆形方孔铜钱为主体图形，采用海蓝色作为标准色，象征着理性、严谨、包容、祥和与稳健，展现了国有银行的大家风范，寓意着像大海一样吸纳各方人才和资金(图 2-61)。而 Intel 的标志中，蓝色带给人科技、宁静、理性与深远的感觉，令人印象深刻(图 2-62)。

中国建设银行
China Construction Bank

图 2-61　中国建设银行标志

intel®

图 2-62　Intel 标志

橙色作为暖色系中最为温暖和舒适的颜色，蕴含着甜美、成熟、温情与华美的深刻内涵。它在食品、石化、建筑、百货等多个行业中得到了广泛应用。小米的标志，其基色采用橘黄色的圆角矩形作为背景，其上镂空的米字拼音设计，整体明亮而抢眼，能够迅速吸引人们的目光。字母“mi”的每一笔画都精致且均衡，这体现了小米品牌的严谨之美(图 2-63)。而淘宝网的橙色标志传递出健康、活泼、温暖与幸福的感觉，为用户的浏览体验增添了更多愉悦感(图 2-64)。

mi

图 2-63　小米标志

淘

图 2-64　淘宝网标志

2. 多色标志

多色标志是指采用两种或两种以上色彩巧妙组合而成的标志设计。这种标志色彩丰富多样，充满个性与时尚感。多色设计不仅丰富了标志的内涵，更能形成鲜明的色彩对比关系。然而，从色彩数量的角度来看，标志的色彩不宜过于繁多，以免造成信息干扰。当需要采用多种色彩时，应妥善处理主次、整体与局部的关系，避免产生杂乱无章的效果。根据色彩搭配的不同效果，可以将其归纳为色相搭配、明度搭配、纯度搭配、冷暖搭配以及强弱搭配等。

在色相搭配中，对比强烈的色相组合往往能产生比对比柔和的色相组合更为强烈的视觉效果。这种色彩对比的强弱程度与色彩在色轮上的相对角度位置和距离密切相关。在色轮中，类似色相的组合对比相对较弱，互补色的对比则是最为强烈的。

(1) 同一色相对比。同一色相对比是由色相环上 15°以内的色彩组合而成的，色彩差异小，因此统一性强。然而，这也可能导致视觉效果稍显单调。为了解决这个问题，我们可以在明度和纯度上进行巧妙的调整，从而创造出更为丰富多变的视觉效果(图 2-65 至图 2-67)。

图 2-65　同一色相对比

图 2-66　Corel 公司标志

图 2-67　美国健康产品标志

⑵ 邻近色相对比。邻近色相对比是指色相环上 30°以内的色彩相互搭配。例如，朱红与橘黄，蓝与蓝紫。这种搭配的特点在于色彩对比相对较弱，色差小，因此给人一种稳定和谐的感觉(图 2-68 至图 2-70)。

图 2-68　邻近色相对比

图 2-69　国际女子网球协会标志

图 2-70　横店影视城标志

⑶ 类似色相对比。类似色相对比涉及色相环上间隔在 30°～60°的色彩组合，如红与橙、黄与绿、橙与黄。这种搭配属于中度对比，色彩变化丰富，呈现出和谐、安详、耐看的视觉效果(图 2-71 至图 2-73)。

图 2-71　类似色相对比

图 2-72　法国电信标志

图 2-73　英国石油标志

⑷ 对比色相对比。对比色相对比包括三原色（红、黄、蓝）和间色（橙、绿、紫）的对比。三原色对比强烈，富有精神特征，许多国家的国旗都选用了这些原色。间色对比则相对柔和，自然界中许多植物的色彩都属于间色范畴。这种色彩搭配对比鲜明、饱满、华丽，充满活力（图 2–74 至图 2–76）。

图 2–74　对比色相对比

图 2–75　麻省理工学院传媒实验室标志

图 2–76　百事可乐标志

⑸ 互补色相对比：互补色相对比指的是色相环上间隔约 180° 的两种色彩的对比，如红与绿、黄与紫、蓝与橙。当互补色并置在一起时，彼此会变得更加鲜明，如红与绿搭配，红会显得更红，绿会显得更绿。这种搭配的色彩对比最为强烈，鲜明且充满刺激性，具有强烈的视觉冲击力。例如，必胜客的标志由 “Pizza Hut” 文字组成，其房子造型和色彩的搭配展现了欧洲风格的餐厅格调，再配以黄、绿、黑三色的组合，使得标志十分醒目。而 2020 年 G20 峰会标志的设计灵感来源于传统贝都因人纺织用的彩色细丝与沙特阿拉伯王国国旗的颜色，斑斓的色彩融合展现了独特的视觉魅力（图 2–77 至图 2–79）。

图 2–77　互补色相对比

图 2–78　必胜客标志

图 2–79　2020 年 G20 峰会标志

关于明度的搭配，其效果主要可以归结为两种情况：同一色相中不同明度的组合以及不同色相之间明度的变化。在同一种色相中，明度的层次丰富多样，从无彩色系的黑、白、灰明度对比，如黑白照片或铅笔素描中所展现的那样，到有彩色系中各种色彩的明度差异，例如柠檬黄的明亮、蓝色与红色的适中明度，以及紫色的深沉。明度高的色彩给人以明亮的感觉，而明度低的色彩显得相对暗沉。当明度间的差距增大时，色彩对比效果也更为强烈，这种对比在视觉上能够产生强烈的冲击力（图 2-80 至图 2-82）。

图 2-80　固元堂天蒜标志（齐树伟）　　图 2-81　天猫标志　　图 2-82　苏宁易购标志

对于纯度而言，色彩的纯度差异能够产生强弱对比效果。高纯度的色彩更为鲜明，使得画面更为响亮、明快、华丽、夺目、热闹；中纯度的色彩呈现出温和、含蓄、柔软的特点；低纯度的色彩则给人带来一种自然、淳朴、安静、随和的感觉（图 2-83、图 2-84）。

图 2-83　茶语标志　　图 2-84　壳牌标志

3. 冷暖色搭配

冷暖感觉原本是人体对外界环境的一种反应，属于触觉，然而，由于我们生活在五彩斑斓的世界中，加之人体的生理功能（如条件反射），视觉在感知外界时逐渐引导了触觉。色彩本身并无温度属性，它之所以会带给我们冷暖的感觉，其实源于我们自身的经验和联想。例如，太阳和火焰的形象，使我们自然而然地将温暖与某些色彩联系在一起；而雪地、冰山和大海具有低温特性，让我们将寒冷与白色、蓝色等特定的色彩联系在一起。在色彩设计上，高科技行业往往倾向于使用冷色调，以传达科技、严谨和理性的氛围，从而赢得人们的信赖。而餐饮、服务类企业更倾向于采用暖色调，以此强调食物的美味和服务的热情（图 2-85、图 2-86）。

图 2-85　联邦快递标志　　图 2-86　碧桂园标志

4. 强弱色搭配

色彩的强弱与其易见度紧密相关，这种强弱感往往与色彩的对比效果相辅相成。一般来说，对比强烈、纯度高的色彩具有抢眼的特点，使人感觉强烈；而对比柔和、易见度低的色彩给人一种后退的感觉，因此显得较弱。在有彩色系中，高纯度的色彩能够产生强烈的视觉冲击，传递出活力、激情与个性的信息，因此非常适合用于百货业、餐饮业、保健品业、食品业以及儿童企业等的标志设计。而纯度较低的色彩带有含蓄、时尚、稳定、安静和智慧的气质，更适用于设计公司、行政机构以及协会组织等领域的形象塑造（图 2–87 至图 2–89）。

图 2–87　上林苑茶坊标志（齐树伟）

图 2–88　惟会所标志（齐树伟）

图 2–89　北京国际电影节标志

微课：标志三要素

2.5　项目范例

牛顿曾言：“如果我看得比别人更远，那是因为我站在巨人的肩膀上。”为了激发学生的创意思维，并引导他们迅速进入最佳的设计状态，以下精选了一系列优秀案例，旨在提升学生的设计感悟，让他们体验各种别具一格、魅力四溢的标志设计。

中国风国潮品牌——“小黄将”标志升级

案例欣赏一：中国风国潮品牌——“小黄将”标志升级

项目背景：此品牌隶属于头道汤科技有限公司，名为“小黄将”，是一个专注于高原黄姜养生的品牌。其在云南拥有百亩梯田，是集种植、初级与精深加工、科技研发、销售等为一体的营销型企业。该品牌不仅带动了周边哈尼族农民的就业，更以生姜为核心原料，精心打造出多款保健养生产品，线上线下同步销售，致力于将传统中医养生文化与国潮时尚元素相融合，为消费者带来独特的养生体验。

项目要求：品牌形象需展现年轻、自然与国潮风格，凸显年轻活力与时尚气息。

品牌定位：传递热爱，将消费者对健康生活的热爱与追求传递给更多人。

设计要求：从黄姜的生产地出发，深入挖掘哈尼梯田的地域特色，将其精髓巧妙地融入“小黄将”的品牌形象中。在保留原有 VI 元素的基础上，进行更为精致化的处理，使品牌形象既亲民又不失高端感，彰显品牌的独特魅力（图 2–90）。

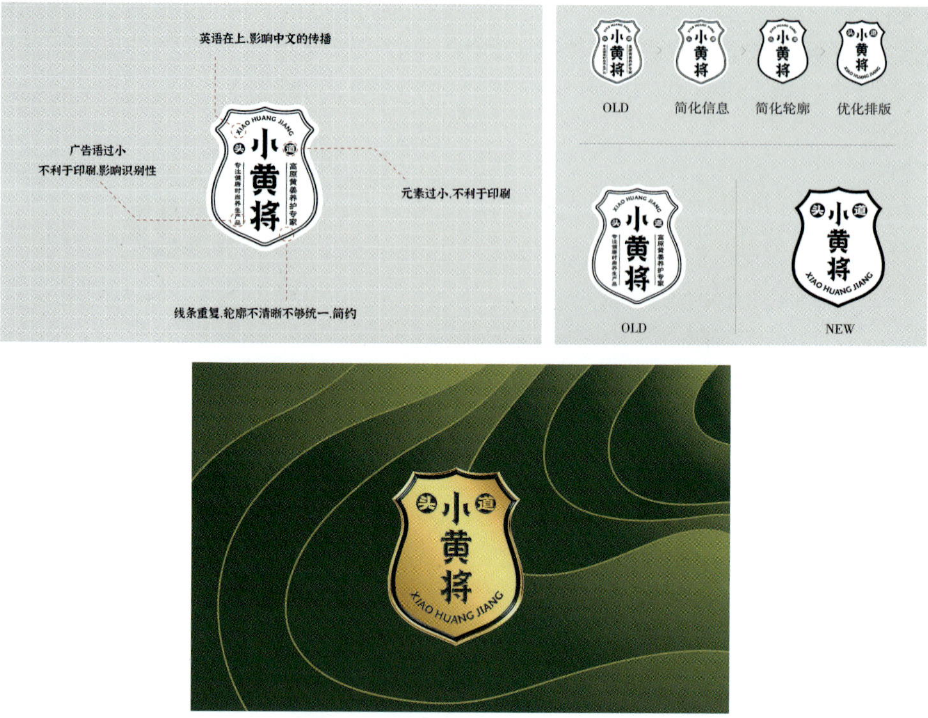

图 2–90　“小黄将”标志升级过程

案例欣赏二：俄罗斯 ALUTECH 集团品牌

1. 俄罗斯 ALUTECH 集团品牌重塑的缘由

随着俄罗斯 ALUTECH 集团的重组并跃升为铝产品的领军制造商，集团管理层意识到现有的品牌和标志已无法充分展现集团的辉煌成就与未来宏伟蓝图。因此，ALUTECH 集团决定进行品牌更新，以焕发出新的活力与魅力。

俄罗斯 ALUTECH
集团品牌

2. 品牌标志形象特征

(1) 该标志凸显了 ALUTECH 集团在同一品牌下涵盖的四个不同领域的产品，展现了其多元化的业务布局。

(2) 标志体现了合并后集团结构的完整性以及制度的明确、规范，彰显出企业的稳健与成熟。

(3) 品牌标志秉承了欧洲干净、透明和现代的审美理念，展现了企业的国际化视野与时尚品味。

(4) 标志色彩明亮、线条流畅，给人耳目一新的感觉，充满了活力与创意。

(5) 通过巧妙设计的标志图形——卷帘门、横条门、铝型材系统和自动系统，消费者能够轻松识别四个生产地区。

3. 品牌标志释义

为了便于区分，集团精心设计了四个生产地区的标志图形，包括卷帘门、横条门、铝型材系统和自动系统。这些标志不仅凸显了集团在同一品牌下涵盖的四个不同领域的产品，还通过四种独特的颜色和图形元素来体现。橘红色的卷帘门设计、绿色的横条门设计、蓝色铝型材系统设计和红色自动系统设计，均采用了“模块化”的形式进行分解和重构。这些简单而富有创意的图形通过相交、透叠、重叠及差叠等构成方式相互融合，再配以品牌文字，共同构成了舒适简练的品牌标志设计（图 2-91）。

图 2-91　ALUTECH 集团四个生产区标志

ALUTECH 集团的标志形象巧妙地融合了图形与文字元素，呈现出既统一又各具特色的视觉效果。这种设计策略在品牌塑造中显著增强了标志的延展性和表现力，使其能够适应各种场合的应用需求。多样化的标志形象不仅丰富了视觉体验，更在无形中加深了人们对品牌的印象，展现了其独特的魅力与吸引力。

2.6　工作任务实施

工作任务 1　文化类标志设计

工作任务描述

文化类标志以其丰富多彩的形象，为我们带来了无尽的想象空间。这些与文化属性紧密相关的标志，涵盖了文学、艺术、音乐、歌曲、舞蹈、戏曲、体育、历史等多个领域，涉及组织、机构以及各类相关活动的标志。这些标志不仅蕴含着深厚的文化审美与内涵，更能以其赏心悦目的视觉形象，给观众带来强烈的感染力和吸引力。它们通过形象的塑造，成为各个组织和活动不可或缺的组成部分，展现着文化的魅力与活力。

任务目标

知识目标：

(1) 了解文化类标志的特点和类型。

(2) 了解文化类标志的调研方法、设计方法和设计流程。

能力目标：

(1) 能运用简练的图形语言准确传达丰富的文化寓意和文化内涵。

(2) 能灵活运用现代设计的表现力来设计各种不同的文化类标志。

(3) 能总结各种不同类型文化类标志的表现形式。

素质目标：

(1) 培养体会和探索本土文化的兴趣。

(2) 感受中国文化的韵味，增强“四个自信”。

(3) 培养自学研究、求真务实、勤奋钻研的精神。

思想提升

“求木之长者，必固其根本；欲流之远者，必浚其泉源。”中华优秀传统文化是中华民族的精神命脉，是我们在世界文化激荡中站稳脚跟的坚实根基。

建议学时

6 学时

工作流程与活动

工作活动 1：任务确立

工作活动 2：任务制定

工作活动 3：任务实施

工作活动 4：任务评价与总结

工作活动 1：任务确立

引导问题

问题 1：收集民间常见的吉祥图案，并说明图案的含义。

问题 2：举例说明哪些图案属于中国传统图案。

问题 3：举例说明如何运用中国传统图案进行文化类标志设计。

工作任务确立

根据自己的喜好选择一个文化类品牌或者文化类企业标志进行创新再设计，根据所学的知识，按一定的设计方法和流程完成项目任务，以下任务四选一，并勾选。

□ 任务一：美术馆或艺术馆标志设计

□ 任务二：城镇及区域标志设计

□ 任务三：社会活动或组织标志设计
□ 任务四：学校或学院标志设计

工作活动 2：任务制定

工作任务描述

根据客户要求或竞赛要求进行城镇标志设计，城镇标志是城镇历史、文化、特征的集合，是向广大市民和外地来客展示其形象的首要窗口。选择你熟悉或者喜欢的城镇（市、县、镇、村）进行分析，抓住当地独特的民俗、民风、历史、文化、区域或商业特色，突出其特有的意境和文化。根据所学的知识，按“前期分析调研—中期标志设计—后期总结汇报”的设计方法和流程完成项目任务，并在“创意墙”呈现各组的设计方案。

活动流程

环节	任务内容	时间进度	负责人	注意事项及要求
环节一	通过上网查阅文献资料，参观走访，对家乡的地方文化进行调研，将其凝练到标志设计中，这些是城市标志设计的灵魂。 (1) 家乡名称； (2) 地理位置； (3) 历史文化； (4) 地理环境； (5) 民俗民风； (6) 城市环境； (7) 自然资源； (8) 城市发展现状及前景 微课：标志与传统文化 参考：三亚崖州湾科技城形象标志征集入围作品及设计说明			(1) 确定设计主题：指导老师给学生发放“任务清单”，学生完成“任务清单”的填写，确定小组成员、任务分工、工作流程、时间节点等。 (2)完成调研工作：根据设计主题内容灵活选取多种调查方式，可通过网络、电话、实地考察等多种方式进行，并完成500字的调研报告。
环节二	收集相关资料：收集20～50个全国各地的城市标志设计资料，找出城市区域、历史、文化的不同，避免出现“千城一面”的状况。设计市场调研问卷进行市场调查，对调查结果进行分析，确立标志的设计策略			

续表

<table>
<tr><th>环节</th><th>任务内容</th><th>时间进度</th><th>负责人</th><th>注意事项及要求</th></tr>
<tr><td>环节三</td><td>根据联想思维图延展出代表城镇文化的关键字(现代、工业、舒适、宁静、生态、文化、历史、故居、质朴、田园、红色、农耕、古村落等),配合相关的图片展示,汇报提案</td><td></td><td></td><td rowspan="5">(3) 设计实训:通过前期调研的把脉问诊,找准设计定位,按任务分工和工作步骤,在指导老师的指引下,提炼关键词,并将之转化成可视化的图形方案,提供设计草图方案,并分组讨论。
(4) 方案修正:指导老师及企业主管人员与学生交流讨论,参与最后方案的修订、修改及优化,并进行综合评分</td></tr>
<tr><td>环节四</td><td>以小组为单位完成各自的调研汇总,撰写地方文化的调查报告,设计 5 个以上的标志草图方案、多个色彩方案,与客户沟通,吸取意见,进行方案修正,然后从中筛选出 3 个方案进行二次设计,进一步深化方案设计,在 3 个方案中选取 1 个最佳方案进行标志的规范制作</td><td></td><td></td></tr>
<tr><td>环节五</td><td>扫描二维码,学习标志设计说明的撰写方式,主要内容如下:
(1) 设计主题的表述,设计意念的表达,设计手法的运用。
(2) 标志元素的构成:图形、文字、色彩的含义。
(3) 标志的象征意义
参考:观音阁标志的设计说明</td><td></td><td></td></tr>
<tr><td>环节六</td><td>整理前期的设计资料,制作项目设计汇报 PPT,进行项目汇报,分享、总结实训成果</td><td></td><td></td></tr>
<tr><td>环节七</td><td>通过“创意墙”呈现各组的设计方案,并且请指导老师、企业主管人员、被设计企业(甲方)共同参与评价、打分</td><td></td><td></td></tr>
</table>

工作活动 3:任务实施

活动思考

问题 1:根据调研的内容,在设定好标志设计的方向后,下一步我们要做什么呢?

问题 2:如何制定标志设计的草图方案呢?

问题 3:如何进行标志的规范制作?

活动实施

实施环节	活动内容	活动安排	活动记录
环节一 设计准备	扫描二维码，以真实设计项目为例，学习相关的城镇标志的设计步骤 文化类标志的设计步骤 中国传统文化在标志中的运用	学习 2.4 节“知识储备”中的相关内容	附表 1:学习笔记
			附表 2:任务分配表
环节二 分析调研	在实际工作中，设计师除需要具有扎实的专业技能外，还需要有调查调研能力。以小组为单位分配角色，边调边研，设计调查问卷，增强与他人沟通的能力，对设计师所需要的信息进行有目的的调研，调研结果能够有效解决设计问题	具体活动 1:角色选择	附表 3:情景模拟表
		具体活动 2:角色扮演	附表 4:情景模拟评价表
		具体活动 3:评价	
环节三 草图设计及规范制作	无论是草图构思还是最终确定方案，都是设计构思的锤炼过程，往往需要反复的研讨、评估，不断赋予新的设计构想，完成必要的提炼修正，最终确定最佳方案，并进行标志的规范制作	具体活动 1:草图设计	附表 5:思维导图
			附表 6:草图设计
		具体活动 2:设计终稿展示	附表 7:终稿展示
环节四 设计方案 PPT	设计方案 PPT: (1) PPT 的排版制作; (2) 文字组织和撰写规范; (3) 标志草图的构思过程(文字及图表展示); (4) 标志正稿的精细制作	具体活动 1:设计方案 PPT 的制作	附表 8:项目汇报
		具体活动 2:展示汇报	

工作活动 4：任务评价与总结

任务评价是过程性的评价，初步的设计思路、小组讨论、阶段设计草图和设计方案的确定及设计展示的过程都囊括在教学评价内容中，着重于核心专业技能和职业岗位能力的评价。

任务评价

一级指标	二级指标	评价内容	分值	自评	互评	教师	客户
工作能力（70分）	小组协作能力	能够相互传递调研信息，并进行归纳、总结和检验，发现问题，提出问题，解决问题，阐明观点，完成任务	10				
	实践操作能力	在调研的基础上，完成多个草图创意构思	10				
		文化类标志标准化制图的规范制作能力	10				
		能正确、规范、严谨地撰写标志的设计说明文案	10				
	表达能力	能够正确组织和传达工作任务	10				
		能够与他人准确沟通文化类标志设计方案	10				
	创新设计能力	具有一定的创意审美能力	10				
作品得分（30分）	职业岗位能力	创新性、科学性、实用性、严谨性	10				
		能够设计、制作出精美的且符合客户实际需求的标志	10				
		客户满意度	10				
总结							

工作任务2　商业类标志设计

工作任务描述

商业类标志是用于商业领域的、有商业目的和商业价值的标志，代表着一个企业、公司、品牌的形象，可分为企业自身的标志和商品标志。本项任务以中小型企业及团体的标志设计为内容，重点了解商业类标志的特点、设计程序和设计方法。

任务目标

知识目标：

(1) 了解商业类标志的特点和类型。

(2) 了解商业类标志的调研方法、设计方法和设计流程。

能力目标：

(1) 能运用简练的视觉语言传达企业丰富的品牌理念和文化内涵。

(2) 能进行商业类标志的创意构思和表现。

⑶ 能总结各种不同类型商业类标志的表现形式。
素质目标:
⑴ 培养现代设计的设计理念、审美意识。
⑵ 培养自学研究、求真务实、勤奋钻研的精神。

思想提升

“天行健,君子以自强不息;地势坤,君子以厚德载物。”从这句话中我们能倾听到怎样的民族精神启示?如何以此指导我们将来的学习和工作?

建议学时

6 学时

工作流程与活动

工作活动 1:任务确立
工作活动 2:任务制定
工作活动 3:任务实施
工作活动 4:任务评价与总结

工作活动 1:任务确立

引导问题

部分企业标志如图 2-92 所示。
问题 1:论一论,图 2-92 所示的标志分别属于哪类企业的标志?它们各自有什么特点?
问题 2:如何在同类企业标志中进行差异化设计?

图 2-92　部分企业标志

工作任务确立

根据自己的喜好选择一个品牌理念较为完善的商业品牌进行标志的创新再设计,根据所学的知识,按一定的设计方法和流程完成项目任务,以下任务任选其一,并勾选。

☐ 任务一:产品 / 企业类　☐ 任务三:食品 / 餐饮类　☐ 任务五:报纸 / 媒体类
☐ 任务二:金融 / 地产类　☐ 任务四:药品 / 医疗类

工作活动 2:任务制定

工作任务确立

根据学校合作企业或竞赛项目要求,承接企业委托项目或竞赛项目入课堂,深入了解项目内容和要求,并精心研究制定实施方案,完成企业的标志设计,以提高职业技能和职业素养。在实际工作的过程中,教师、企业专家或设计师参与教学,共同指导学生完成工作任务。

活动流程

<table>
<tr><th>环节</th><th>任务内容</th><th>时间进度</th><th>负责人</th><th>注意事项及要求</th></tr>
<tr><td>环节一</td><td>通过项目沟通和企业调研，调查了解企业（客户对象访谈），以小组为单位完成“企业调查分析报告”及“调查统计数据报告”。
（1）企业名称；
（2）历史背景；
（3）组织机构；
（4）经营理念；
（5）经营范围；
（6）业务形态；
（7）价值取向；
（8）自然资源；
（9）发展愿景
微课：标志设计的创意方法</td><td></td><td></td><td rowspan="7">（1）确定设计主题：指导老师给学生发放“任务清单”，学生完成“任务清单”的填写，确定小组成员、任务分工、工作流程、时间节点等。
（2）完成调研工作：根据设计主题内容灵活选取多种调查方式，可通过市场调查、问卷调查、实地考察等多种方式进行，并完成“企业调查分析报告”。
（3）设计实训：通过前期调研的把脉问诊，找准设计定位，按任务分工和工作步骤，在指导老师的指引下，提炼关键词，并将之转化成可视化的图形方案，提供设计草图方案，并分组讨论。
（4）方案修正：指导老师及企业主管人员与学生交流讨论，参与最后方案的修订、修改及优化，并进行综合评分</td></tr>
<tr><td>环节二</td><td>调研分析：市场调研——国内外产品结构、市场分布、销售价格、销售渠道；竞争企业调研——同类竞争企业或品牌的地域分布、市场占有率、经营方针、广告策略、广告特点等；消费者调研——消费群体、消费水平、购买动机、文化层次等；产品自身调研——产品类型、特点、功能、成本、外观等。收集尽可能多的专业、翔实、全面的文字、标志和图片资料，对调查结果进行分类、整理、分析，为设计提供可靠依据</td><td></td><td></td></tr>
<tr><td>环节三</td><td>提取关键字，如现代、发展、新型产业、宁静、原生态、阳光、天然、健康、自然、卓越、信赖、诚信、安全、高效等，配合相关的图片展示</td><td></td><td></td></tr>
<tr><td>环节四</td><td>以小组为单位，根据主题表现的不同载体和对象，设计 5 个以上的标志草图方案、多个色彩方案，与客户沟通，吸取意见，进行方案比较分析、可行性分析和考量，然后从中筛选出 3 个方案进行二次设计，进一步深化方案设计，在 3 个方案中选取 1 个最佳方案进行标志的规范制作</td><td></td><td></td></tr>
<tr><td>环节五</td><td>扫描二维码，学习标志设计说明的撰写方式，主要内容如下：
（1）设计主题的表述，设计意念的表达，设计手法的运用。
（2）标志元素的构成：图形、文字、色彩的含义。
（3）标志的象征意义
企业标志的设计说明</td><td></td><td></td></tr>
<tr><td>环节六</td><td>整理前期的设计资料，制作项目设计汇报 PPT，进行项目汇报，分享、总结实训成果</td><td></td><td></td></tr>
<tr><td>环节七</td><td>指导老师、设计公司主管人员、被设计企业（甲方）共同参与评价并签名</td><td></td><td></td></tr>
</table>

工作活动 3：任务实施

活动思考

问题 1：根据客户的需求，如何完成草图方案的设计?

问题 2：如何制定企业标志的设计方案呢?

活动实施

<table>
<tr><th>实施环节</th><th>活动内容</th><th>活动安排</th><th>活动记录</th></tr>
<tr><td rowspan="2">环节一
设计准备</td><td rowspan="2">扫描二维码，以真实设计项目为例，学习相关的企业标志的设计方法
企业标志的设计步骤 PPT
标志设计的创意方法</td><td>具体活动 1：学习总结</td><td>附表 1：学习笔记</td></tr>
<tr><td>具体活动 2：制订工作计划</td><td>附表 2：任务分配表</td></tr>
<tr><td rowspan="3">环节二
分析调研</td><td rowspan="3">在实际工作中，设计师除需要具有扎实的专业技能外，还需要有调查调研能力。以小组为单位分配角色，边调边研，设计调查问卷，增强与他人沟通的能力，对设计师所需要的信息进行有目的的调研，调研结果能够有效解决设计问题</td><td>具体活动 1：角色选择</td><td rowspan="2">附表 3：情景模拟表</td></tr>
<tr><td>具体活动 2：角色扮演</td></tr>
<tr><td>具体活动 3：评价</td><td>附表 4：情景模拟评价表</td></tr>
<tr><td rowspan="3">环节三
草图设计及规范制作</td><td rowspan="3">草图设计是设计构思的锤炼过程，往往需要通过不同的途径和方式，经过多次研究和讨论，不断赋予新的设计构想，提炼修正，最终确定最佳方案，并进行标志的规范制作</td><td>具体活动 1：草图设计</td><td>附表 5：思维导图</td></tr>
<tr><td rowspan="2">具体活动 2：设计终稿展示</td><td>附表 6：草图设计</td></tr>
<tr><td>附表 7：终稿展示</td></tr>
<tr><td rowspan="2">环节四
设计方案 PPT</td><td rowspan="2">设计方案 PPT：
(1) PPT 的排版制作；
(2) 文字组织和撰写规范；
(3) 标志草图的构思过程(文字及图表展示)；
(4) 标志正稿的精细制作</td><td>具体活动 1：设计方案 PPT 的制作</td><td>附表 8：项目汇报</td></tr>
<tr><td>具体活动 2：展示汇报</td><td></td></tr>
</table>

工作活动4：任务评价与总结

任务评价是过程性的评价，初步的设计思路、小组讨论、阶段设计草图和设计方案的确定及设计展示的过程都囊括在教学评价内容中，着重于核心专业技能和职业岗位能力的评价。

任务评价

<table>
<tr><th>一级指标</th><th>二级指标</th><th>评价内容</th><th>分值</th><th>自评</th><th>互评</th><th>教师</th><th>客户</th></tr>
<tr><td rowspan="7">工作能力（70分）</td><td>小组协作能力</td><td>能够相互传递调研信息，并进行归纳、总结和检验，发现问题，提出问题，解决问题，阐明观点，完成任务</td><td>10</td><td></td><td></td><td></td><td></td></tr>
<tr><td rowspan="3">实践操作能力</td><td>在调研的基础上，完成多个草图创意构思</td><td>10</td><td></td><td></td><td></td><td></td></tr>
<tr><td>商业类标志标准化制图的规范制作能力</td><td>10</td><td></td><td></td><td></td><td></td></tr>
<tr><td>能正确、规范、严谨地撰写标志的设计说明文案</td><td>10</td><td></td><td></td><td></td><td></td></tr>
<tr><td rowspan="2">表达能力</td><td>能够正确组织和传达工作任务</td><td>10</td><td></td><td></td><td></td><td></td></tr>
<tr><td>能够与他人准确沟通商业类标志设计方案</td><td>10</td><td></td><td></td><td></td><td></td></tr>
<tr><td>创新设计能力</td><td>具有一定的创意审美能力</td><td>10</td><td></td><td></td><td></td><td></td></tr>
<tr><td rowspan="3">作品得分（30分）</td><td rowspan="3">职业岗位能力</td><td>创新性、科学性、实用性、严谨性</td><td>10</td><td></td><td></td><td></td><td></td></tr>
<tr><td>能够设计、制作出精美的且符合企业实际需求的标志</td><td>10</td><td></td><td></td><td></td><td></td></tr>
<tr><td>客户满意度</td><td>10</td><td></td><td></td><td></td><td></td></tr>
<tr><td>总结</td><td colspan="7"></td></tr>
</table>

项目三

VI 设计的核心
——基本要素设计与制作

VI 的基本要素是 VI 体系的核心内容，本项目将围绕标志规定、标准字体规定、色彩系统规定、辅助图形设计、企业造型(吉祥物)设计以及基本要素整体组合设计规范六个任务展开。通过大量优秀的实训案例，为学生详细阐述 VI 基本要素设计中各个任务的知识结构、设计流程和规范标准等，帮助学生准确掌握 VI 基本要素的形式和设计方法，了解设计原则，为应用设计的延伸打好基础。

3.1　工作任务导入

项目三　工作任务书

项目名称	基本要素设计与制作
实训场地	校内实训室
项目内容	工作任务 1 标志规定 工作任务 2 标准字体规定 工作任务 3 色彩系统规定 工作任务 4 辅助图形设计 工作任务 5 吉祥物设计 工作任务 6 基本要素整体组合设计规范
学习目标	知识目标： 1. 熟知 VI 基础系统的各设计要素。 2. 了解标志、标准字体、标准色等分别在 VI 体系中的地位及作用。 3. 能进行标准图形设计、标准字体设计、色彩系统设计、基本要素整体组合设计、辅助图形设计和吉祥物设计。 能力目标： 1. 掌握基本要素设计实际工作程序和设计流程。 2. 熟练掌握基本要素设计与制作的方法与技巧。 3. 能够按照行业行规进行基本要素的业务洽谈。 4. 能够适当地进行辅助图形、标准组合、吉祥物的设计。 素质目标： 1. 掌握语言表述的技巧。 2. 培养创新意识。 3. 培养自我学习能力、沟通能力和团队协作能力
工作任务	1. 任务形式：指导老师根据学生在项目一中的设计指定一个标志，按照设计的工作流程(工作环节)，完成基础要素各个环节的设计，并且能用现代设计方法，根据企业经营理念与发展需求，设计一套完整的企业视觉识别(VIS)手册。 2. 任务要求：(1) 划分工作小组，分工协作；(2) 每人填写一张工作表格；(3) 完成设计项目清单的制作

续表

工作任务	3. 建议学时:30		
	任务	内容	学时
	工作任务 1:标志规定	01 标志及标志创意说明	6
		02 标志正稿、线稿	
		03 标志反白稿	
		04 标志标准化制图	
		05 标志方格坐标制图	
		06 标志预留空间	
		07 标志最小比例限定	
	工作任务 2:标准字体规定	01 中文简称字体及标准制图	4
		02 英文简称字体及标准制图	
		03 中英文全称字体及标准制图	
		04 专用印刷字体应用规范	
	工作任务 3:色彩系统规定	01 标准色	4
		02 标准色色阶规范	
		03 辅助色	
		04 辅助色色阶规范	
		05 背景色使用规定	
		06 色彩搭配组合专用表	
		07 明度使用规范	
	工作任务 4:辅助图形设计	01 辅助图形	6
		02 辅助图形延展效果稿	
		03 辅助图形的应用	
	工作任务 5:吉祥物设计	01 吉祥物彩色稿及造型释义	6
		02 吉祥物墨稿	
		03 吉祥物三视图	
		04 吉祥物立体效果图	
		05 吉祥物基本动态造型延展	
		06 吉祥物单色印刷规范	
	工作任务 6:基本要素整体组合设计规范	01 标志与中英文简称组合	4
		02 标志与中英文全称组合	
		03 标志与广告语或企业口号组合	
		04 基本要素禁止组合模式	

3.2 小组分工与协作

课前：请同学们分组协作完成工作任务，并在下面的表格中填写每个小组的任务分工和专业成长记录。

班级		组名		指导老师
组长		学号		
组员	姓名	学号	姓名	学号
小组任务分工：				
专业成长记录：				

3.3 知识导入

问题1：什么是标准色和辅助色？它们有着什么样的关系？

问题2：辅助图形在品牌视觉传达系统中能起到什么样的作用或具有什么样的功能？

VIS基本要素项目作业规范

图 3-1 所示为 VI 设计基本要素构成示意图。

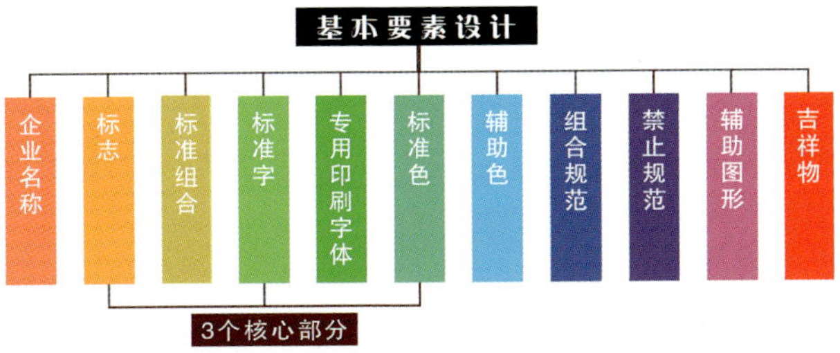

图 3-1 VI 设计基本要素构成示意图

3.4 知识储备

3.4.1 标志规定

标志规定

微课：标志的规范制作

一、标志的规范制作

在广告宣传活动等一些特殊场合，需要设计制作标志的变体以强化标志认同，此时可以将标志进行夸张或重新组合。变形标志不能损害原标志的设计理念和形象特点，应抓住标志原来的造型进行延伸变化。变化的形式主要有：正稿（墨稿）、负稿（反白稿）、线稿、变形稿等。其中，正稿、负稿、线稿是必须有的变化样式。在实际应用时，可根据情况选用企业标准色中规定的色彩来表现。

1. 标志正稿

标志的正稿也称为墨稿、黑白稿。标志除色彩稿外，还需要制定正稿（墨稿），以保证标志在对外形象中的一致性，适用范围主要是报纸广告等背景色与图形色接近或色彩较重的情况（图 3-2）。

2. 标志反白稿

反白稿就是标志在深色背景下用白色效果显示。色块拼接标志的反白稿为白色，色块之间由线条隔开。色彩叠加标志的反白稿可用浅灰色显示叠加部分，也可勾边。色彩渐变标志和立体标志的反白稿用浅灰色显示（图 3-3）。

当标志包含面部结构时，其反白稿必须保持面部白色，阴影部分调为黑色。如图 3-4 所示，做 PORTRAIT 标志的反白稿，不能把整个人物的面部的色彩直接反转，否则会有胶片的感觉，应保留面部的白色。

如图 3-5 所示，也可像做雄记猪肉汤标志的反白稿一样保留原色彩。

3. 标志单色稿

单色稿是针对双色或多色标志而制定的。当在特定场合只能使用单色标志时，就需要用单色稿。单色稿可以是白底彩图，也可以是其反白效果(图 3–6)。

图 3–2　标志墨稿

图 3–3　标志反白稿

图 3–4　PORTRAIT 标志的反白稿

图 3–5　雄记猪肉汤标志的反白稿

图 3–6　标志单色稿

4. 标志线稿

线稿又叫空心稿，它通常用来表示标志的边缘线。如需要制作霓虹灯等造型的时候，色块对应的边缘线应选用霓虹灯的颜色(图 3–7)。

5. 标志变形稿

变形稿可以让标志在不改变整体造型的基础上多一些新颖灵动的形式，适应更多的环境。可参见墨尔本城市标志及其变形标志(图 3–8)。

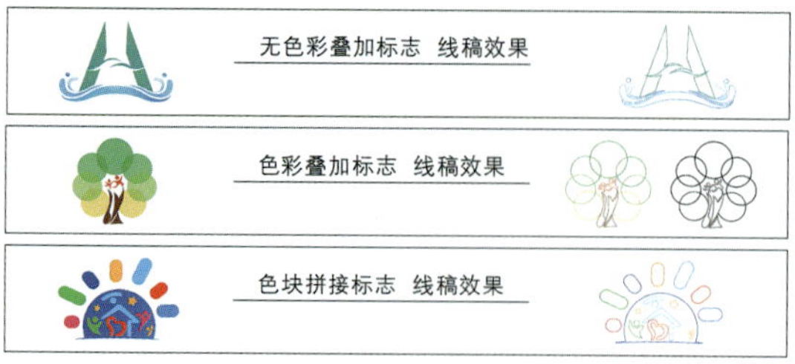

图 3–7　标志线稿

图 3–8　墨尔本城市标志及其变形标志

二、标志标准化制图

标志的标准化制图，即利用比例、圆弧、角度、网格等标示方法，对标志进行精确规范。无论选择使用哪一种或哪几种方法，其核心目的都是清晰地呈现标志的制作标准，为日后在现实中的实际应用提供明确的方法和规范。在实际应用中，应根据标志的具体造型特点来决定制图方法，确保思路清晰、简明易懂，从而避免后续应用中可能出现的障碍。

标志的标准制图方法主要包括以下几种：

1. 网格坐标制图法

网格坐标制图也被称为方格坐标制图，是将图形与文字置于整齐划一的正方形格子中，并通过数字定位的方式，将标志图形的整体比例关系、定位线、基线等精确标注在网格坐标中。这种方法有助于确保标志在不同应用场景下的尺寸和比例保持一致（图 3-9）。

微课：标准化制图 + 预留空间 + 最小比例

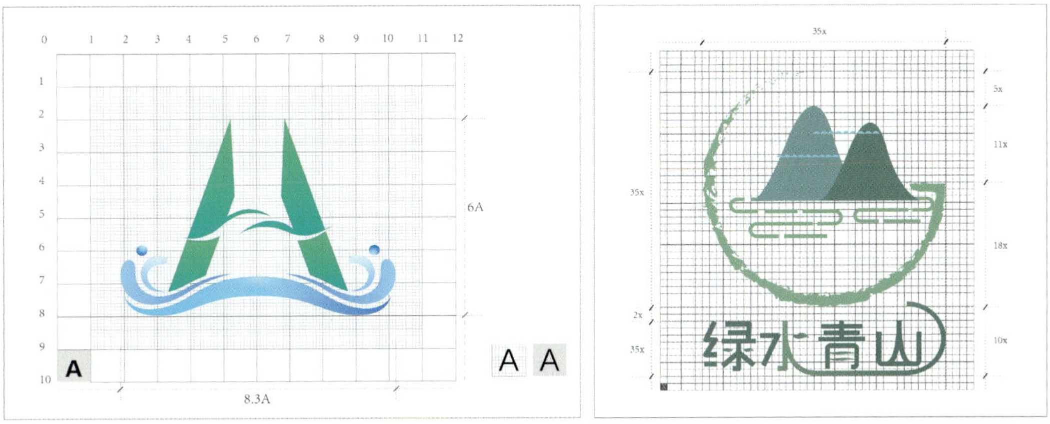

图 3-9　网格坐标制图法

2. 结构设计制图法

结构设计制图法通过直接标示出标志图形各个部位的尺寸，如长、宽、高、直径、半径等，来精确呈现标志的结构特点。这种方法有助于确保标志在制作过程中的精度和准确性（图 3-10）。

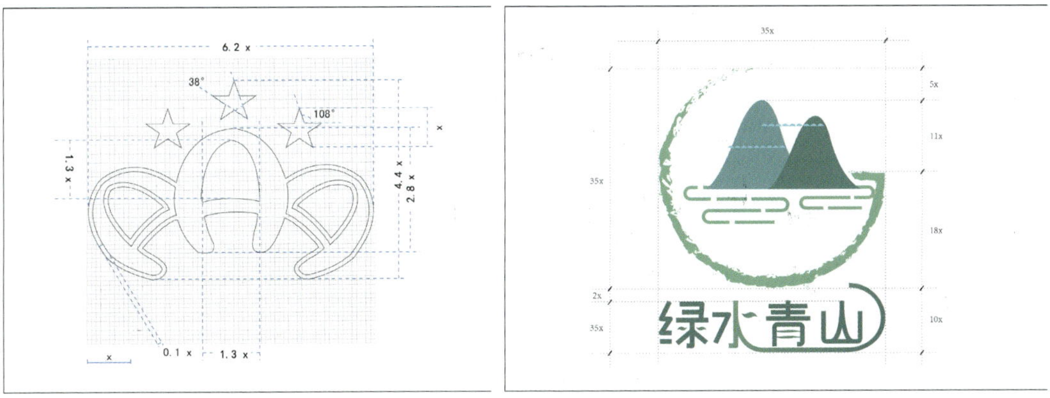

图 3-10　结构设计制图法

3. 圆弧角度标注法

圆弧角度标注法主要用于标明标志中圆弧、斜线等部位的弧度和角度。这种方法可以确保标志在复制和放大过程中保持原有的形态和比例(图 3–11)。

4. 比例标注法

比例标注法是以标志中某个局部的尺寸作为基准参数,其他尺寸均与该基准参数成倍数关系。这种方法有助于在保持标志整体风格不变的前提下,灵活调整其大小以适应不同场合的需求(图 3–12)。

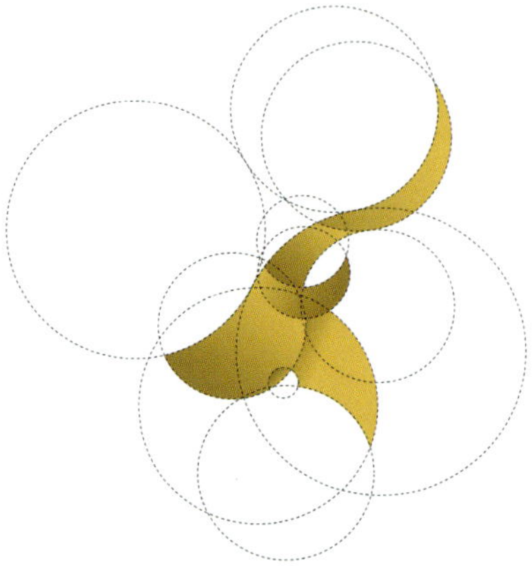

图 3–11　圆弧角度标注法

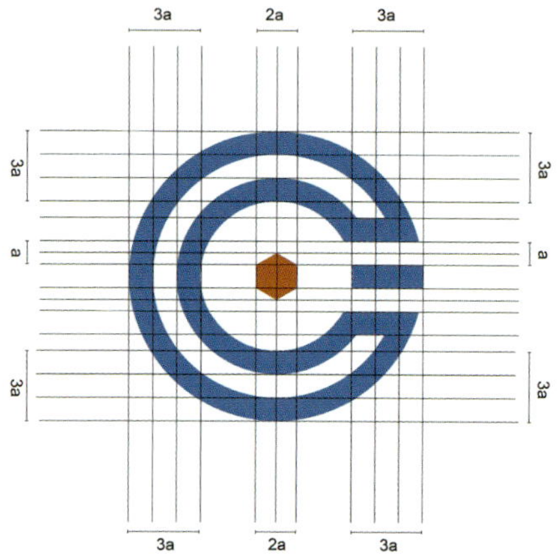

图 3–12　比例标注法

三、标志预留空间与最小比例限定

1. 标志预留空间

标志预留空间也被称作安全空间,是确保标志在应用中保持清晰和独立性的重要环节。我们可以单独为标志设定预留空间,或者为标志与标准字组合设定预留空间。通常,安全空间的设定依据标志窄边宽度的 1/3 至 1/10 来确定,也可以根据标志的某一部分或标准组合中某一字母的宽度来设定。这样可以确保标志在不同应用场景中保持适当的间距,避免与其他元素产生混淆(图 3–13)。

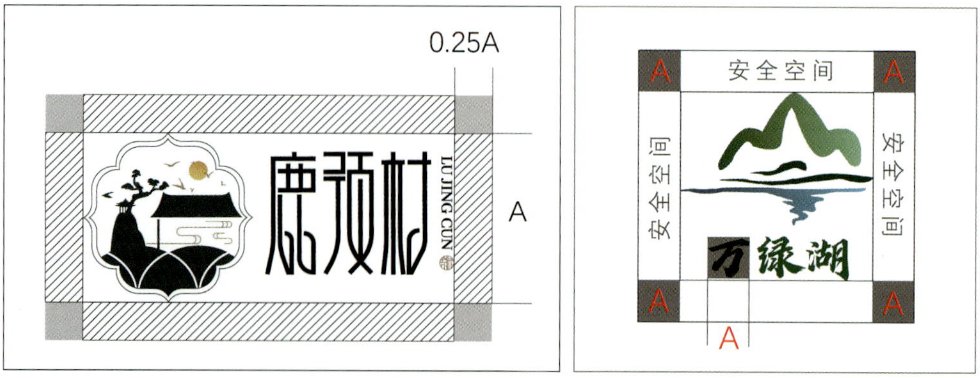

图 3–13　标志预留空间

2. 标志最小比例

标志的最小比例同样重要，它可以针对单独的标志或标志与标准字组合来设定。在设定最小比例时，需要综合考虑印刷效果和显示器屏幕上的呈现效果。为确保标志在各种媒介上都能保持清晰和辨识度，单个文字（字母）的字号应不小于 5 pt（点）。这意味着在标志设计中出现的字母字号不得小于这一标准，以确保视觉效果的统一和协调（图 3–14）。

图 3–14　标志最小比例

3.4.2　标准字体规定

企业的标准字体规定主要包括两大方面：标准字体设计和专用印刷字体规范。

标准字体规定

一、标准字体设计

标准字体的设计，与标志设计同样重要。在设计之前，必须深入了解公司的理念、业务运营、业务特点等核心内容，同时避免与同行标准字体雷同或相似。标准字体主要分为中文标准字体和英文标准字体两大类，它们经常与标志组合使用，具有极强的识别性和说明性，能够直接有效地将企业或品牌信息传达给受众和消费者，从而增强企业形象和品牌吸引力。在某些情况下，标准字体甚至可以直接作为标志使用。

标准字体作为企业或品牌名称的精心设计体现，也可以是企业名称、商标名称略称、活动主题、广告语等经过整体组合而成的字体，它是企业形象识别系统的三大基本要素（标志、标准字体、标准色）之一，应用广泛，常与标志一同进行组合推广。

标准字体的设计，紧密结合企业或品牌的个性，对笔画的形态、粗细、字间的连接与配置等细节都进行了严谨规划，相较于普通印刷字体，它更加美观且独具特色。由于标准字体的主要功能是通过文字传递企业形象，因此不宜过分装饰，以免让人眼花缭乱、难以辨认，而应追求新颖、别致、有所创新。中英文名称标准字体既要体现企业的特点和风格，又要保持形式上的协调统一。

在 VI 系统规划中，企业标准字体可进一步细分为中文全称标准字体、中文简称标准字体、英文全称标准字体、英文简称标准字体、中英文全称标准字体、中英文简称标准字体等。若存在分公司，也应将分公司的名称单独列出。每一项展示的内容应包括标准字的网格坐标制图、结构设计制图、彩色稿、墨稿、反白稿等。

企业标准字体特征主要包括识别性、可读性、设计性和系统性。而企业标准字体的种类涵盖企业名称标准字体（图 3–15、图 3–16）、品牌名称标准字体（图 3–17、图 3–18）、产品或商标名称标准字体（图 3–19）、标题（宣传）标志字体以及广告性活动标准字体（图 3–20）。

图 3-15　幸福航空企业名称标准字体

图 3-16　海大集团企业名称标准字体

图 3-17　中式快餐连锁店真功夫品牌名称标准字体

图 3-18　海底捞品牌名称标准字体

图 3-19　产品或商标名称标准字体

图 3-20　广告性活动标准字体

1. 中文简称标准字体

为与标志的造型结构形成统一，特规定中文简称为专用设计字体。使用中文简称标准字体在组合规范中更能达到整体协调的效果，进而使企业形象显现出强烈的视觉识别效果，体现企业的特色和内涵。

网格制图规定了中文简称标准字体的造型比例、结构空间以及笔画粗细等，据此可准确地绘制出公司中文简称的标准字体（图 3-21）。

2. 英文简称标准字体

为与标志的造型结构形成统一，特规定英文简称为专用设计字体。使用英文简称标准字体在组合规范中更能达到整体协调的效果，进而使企业形象显现出强烈的视觉识别效果，体现企业的特色和内涵。

网格制图规定了英文简称标准字体的造型比例、结构空间以及笔画粗细等，据此可准确地绘制出公司英文简称的标准字体（图 3-22）。

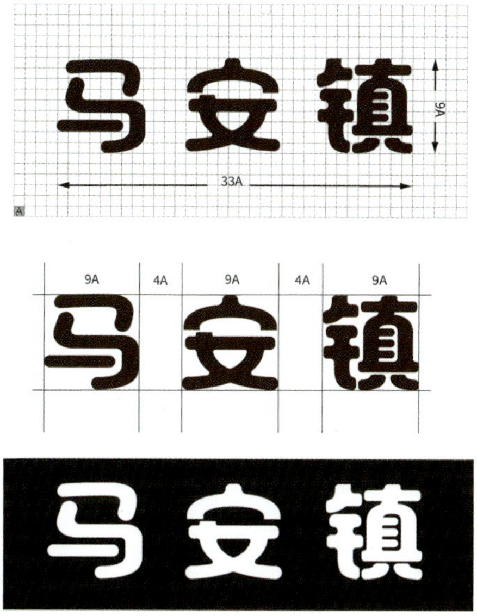

图 3-21　中文简称标准字体

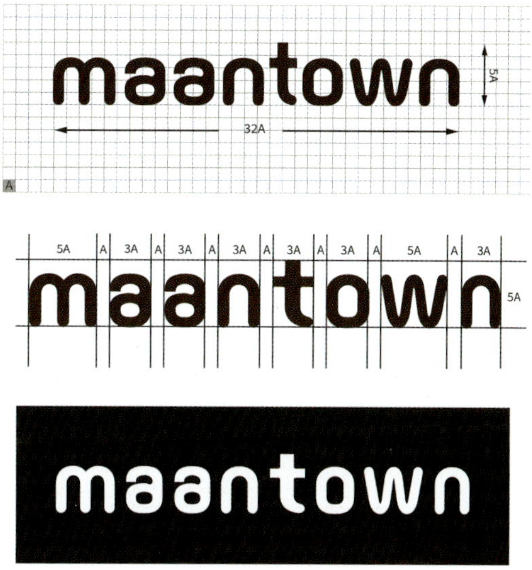

图 3-22　英文简称标准字体

3. 中英文简称标准字体

企业中英文简称标准字体是企业视觉传达系统中的基本要素之一，在企业形象的推广宣传过程中经常与企业标志组合出现，直接传达企业的形象。企业中英文简称组合的字体、字距、行距、长宽比例均明确规范，推广传达过程中应严格执行，不可随意调整(图 3-23)。

图 3-23　中英文简称标准字体

4. 中英文全称标准字体

企业中英文全称标准字体同样是企业视觉传达系统中的基本要素之一，在企业形象的推广宣传过程中会和企业标志一样频繁出现，直接传达企业的形象。

中文全称字体采用规矩、易于识别的字体，英文全称字体采用与中文风格相似的规矩、易于识别的字体。企业中英文全称组合的字体、字距、行距、长宽比例均明确规范，推广传达过程中应严格执行，不可随意调整(图 3-24)。

图 3-24　中英文全称标准字体

二、专用印刷字体

专用印刷字体是为了统一企业的视觉形象。所有企业文件、广告文案等涉及文字使用的范畴，均应统一字体，以达到规范化。根据企业的风格，为其指定印刷字体是十分必要的。印刷字体不需要特意去设计，只要在现成的字体库中选择 4～8 套与企业形象、风格相配套的字形即可，英文印刷字体也可用这种方式选定。除特殊情况(广告创意、节日、庆典设计等)外均应严格遵守规范，禁止使用其他字体(图 3–25)。

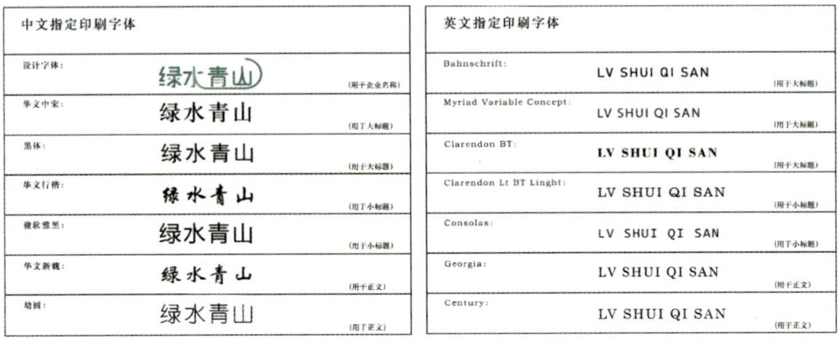

图 3–25　专用印刷字体

3.4.3　色彩系统规定

VI 的色彩系统由标准色和辅助色组成，两者相加，构建出完整的企业形象色系。

企业标准色是企业通过色彩的视知觉传达，精心设定的色彩，旨在反映企业独特的精神理念、组织机构、营运内容、市场营销策略与整体风格面貌。它是标志、标准字体及宣传媒体专用的色彩。为了使企业形象统一而富有变化，体现企业文化的丰富内涵，特制定辅助色系列。由于不同的环境、不同的材料、不同的物件会影响标准色的展示效果，有效运用辅助色能起到很好的调节作用。辅助色在无法很好地表达标准色时才会使用，辅助色并非越多越好，多了反而会导致混乱。

一、标准色

标准色色值的标示法分为印刷色 CMYK、屏幕显示色 RGB、Web 标准颜色、潘通(PANTONE)色。

微课：标准色

(1) 印刷色就是由 C(青)、M(品红)、Y(黄)、K(黑) 按不同的百分比组成的颜色。

(2) 屏幕显示色就是在显示屏等发光体上看到的颜色，如手机或计算机显示屏上显示的就是 RGB 色彩。

(3)Web 标准颜色就是网页显示的颜色。

(4)PANTONE 是美国知名的油墨品牌，现已成为国标印刷色的重要参考。它提供了详细的色谱、色标，供印刷行业使用。PANTONE 专色印刷的显色效果比四色印刷更精确，但成本比四色印刷高，通常只有对色彩要求特别高的客户才选用 PANTONE 专色印刷。

1. 标准色的选用

标准色就是设计标志的时候选用的色彩，标志有几种色，标准色就有几种色，一般根据行业的属性来定，但不局限于此。不同的色彩其象征意义有所不同，适用企业类别也会有所区别。各色系的象征意义和适用企业类别如表 3-1 所示。

表 3-1 各色系的象征意义和适用企业类别

色系	象征意义	适用企业类别
红色系	兴奋、热烈、热情、青春、辉煌、喜庆、高贵、紧张、奋进	食品、石化、交通、滋补药品、金融、百货、体育
橙色系	香甜、热情、辉煌、愉快、激情、活跃、精神、甜美	食品、石化、百货、传媒
黄色系	富贵、光明、香甜、希望、愉悦、明朗、欢快、动感、阳光	电器、食品、化工、照明
绿色系	安全、成长、新鲜、春天、舒适、和平、青春、希望、安宁、温和	食品、金融、林业、农业、规划、生物
蓝色系	理智、科技、冷静、开阔、清爽、开朗、深远、寂静	交通、药品、化工、电子、科技、信息技术
紫色系	神秘、高贵、豪华、思念、温柔、女性	化妆品、装饰品、服装

标准色的设定意味着企业形象一体化设计进入一个更精微、更深入的层次。依据使用和设计的需要，通常选择 1~3 种色单独使用或组合使用。标准色可以分为以下几种类型。

(1) 单色标准色：单色容易形成视觉集中的效果，让人印象深刻，有利于传播和识别。但使用时应注意方法，避免单一和重复(图 3-26)。

(2) 双色标准色：两种颜色搭配，打破了单色的单一视觉效果和表达的雷同性，利用色彩的丰富变化，诸如对比色、邻接色、互补色在明度、纯度上的变化搭配，形成丰富的感觉(图3-27)。

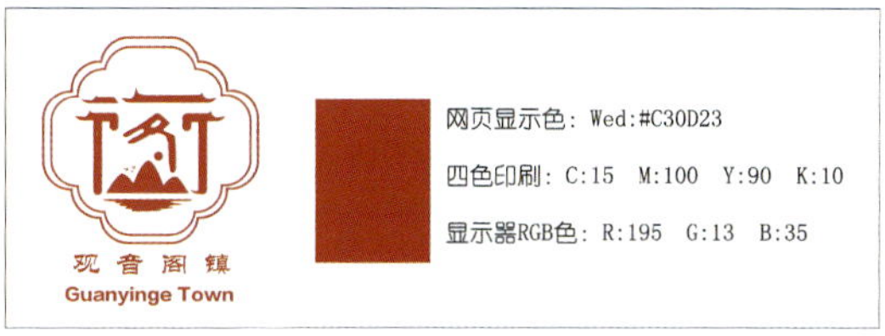

图 3-26 单色标准色

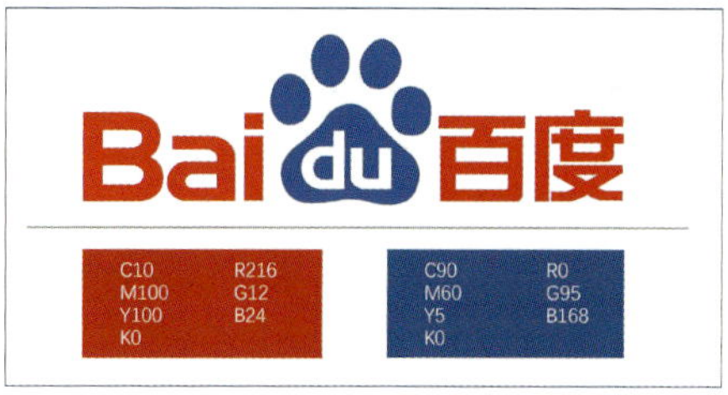

图 3-27 双色标准色

(3) 三色标准色：三种色彩构成的标准色，视觉效果会更加丰富多彩，也增加了设计的难度。色彩丰富的形式变化和性格变化造成了设计的复杂化，提高了设计难度。若三色搭配驾驭得好，会有意想不到的效果(图 3-28)。

图 3-28 三色标准色

(4) 多色标准色：选择三种以上的色彩设定标准色，色彩效果较为丰富优美，但使用时应注意避免杂乱，也要明确色彩的主次关系、对比与协调，避免多色表达的模糊性与不确定性（图3–29）。

图 3–29　多色标准色

不同行业对应的主流色和适宜搭配色如表 3–2 所示。

表 3–2　不同行业对应的主流色和适宜搭配色

行业	主流色	适宜搭配色
科技、电子、信息技术等	蓝色	绿色、红色、橙色
林业、农业、规划、生物等	绿色	黄色、蓝色
食品、餐饮等	高纯度的红色、黄色、橙色	绿色
医药类	蓝色、绿色	橙色

一般而言，企业选择标准色作为形象代表，是出于以下三种需要：

(1) 为了强化企业内外部统一的视觉形象；

(2) 为了突出产品的影响力或市场形象；

(3) 为了在技术层面统一管理、降低生产成本。

2. 标准色色阶规范

标准色的不同色阶，可在特定情况下作为标志色使用在不同明度的背景上，也可作为背景色。当背景色深度高于或等于 40% 时，标志可反白；当背景色深度低于 40% 时，反白不易识别，应采用标志墨稿。

色阶表现值从 100% 至 10% 递减的过程如图 3–30 所示。

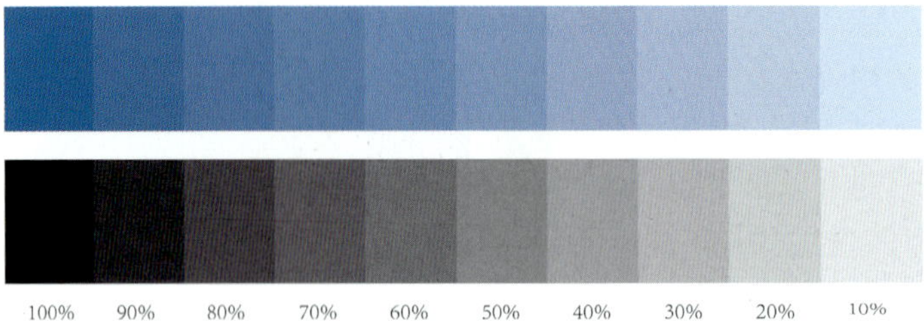

图 3–30　色阶表现值从 100% 至 10% 递减的过程

二、辅助色

辅助色的设定应依据标准色进行，通常选择与之相近的色系，以弥补其不足；或选用与标准色形成对比的色彩，用以凸显标准色的特点。举例来说，若标准色为红色，则辅助色可选择深红或浅红（同属红色系列），亦可选栖红、黄色（同为暖色调）；也可选蓝色或橙色，即红色的互补色。总之，辅助色与标准色应有一定联系，但不宜过多，一般设定 3~5 种辅助色即可，也可以根据企业需求适量增减。在标志设计中，常见的辅助色包括灰色、金色和银色，因此，除了其他辅助色外，也可考虑将金色、银色和灰色纳入辅助色范围。

明确标注 CMYK、RGB、Web 数值，或至少标出 CMYK 数值，其标示方法与标准色相同。辅助色是 VI 系统色彩设计中不可或缺的一部分，它建立在标准色的基础上，旨在弥补标准色在实际应用中的单调与不足。例如，在企业集团中，由于子母公司及不同产品线的存在，单一的标准色可能难以有效区分，因此需要引入一些辅助色来丰富色彩标准。设定辅助色不仅有助于提高企业信息的辨识度，还能规范企业的用色范围，确保形象设计的统一性和连贯性（图 3-31）。

图 3-31 辅助色

三、背景色使用规定

背景色使用规定，实际上是针对特定色彩标志在深色、浅色及特殊背景下的使用准则。在选择背景色时，我们应考虑包括标志标准色、黑色、金色、银色、灰色、白色等在内的多种色彩。这些规定旨在确保标志在各种背景下都能保持清晰、醒目，同时传达出企业独特的视觉形象（图 3-32）。

图 3-32 背景色

四、色彩搭配组合专用表

色彩搭配组合专用表主要呈现了常规的标志色彩组合形式。标志色彩搭配的首选方案是背景色为白色，标志色为标准色。这些色彩搭配组合指的是标志在标准色、辅助色、特殊工艺印刷色等常用色彩背景上优先展现出的版本形态(图 3–33)。

标准色与辅助色的搭配,既要协调又要富有变化。为了规范企业形象,需要对色彩搭配进行规范,如表 3–3 所示。

表 3–3　标志色彩搭配组合参考表

背景色	标志色
白色（或无色，如胶片、玻璃等）	标准色、黑色、金色
标准色	标志反白、金色、
辅助色（灰、金、银）	标志反白、标准色、黑色

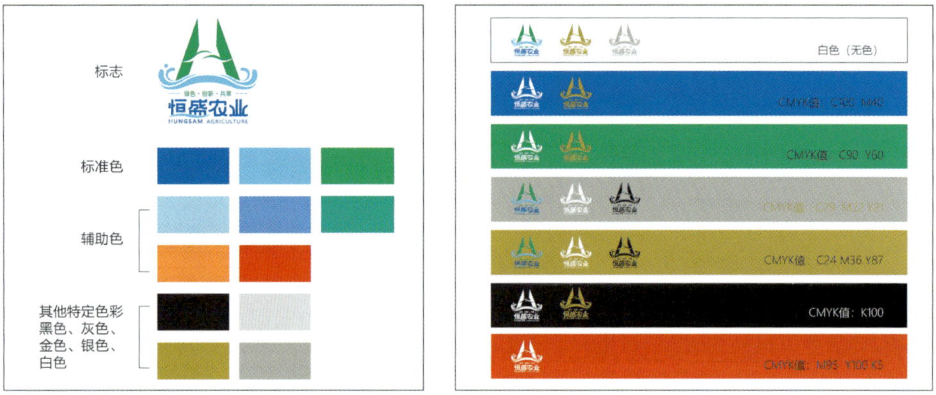

图 3–33　色彩搭配组合

在企业形象传达过程中,除以上规范外,严禁出现其他任何色彩搭配,以统一企业形象。

五、明度使用规范

在 VI 设计中,为了确保企业标志在企业形象传播过程中的清晰度、准确性和完整性,应对背景色明暗程度(明度)进行标准化规定,避免标志与背景色混淆,影响识别。

明度使用规范也称为“背景色度、色相使用规范”,如图 3–34 所示。

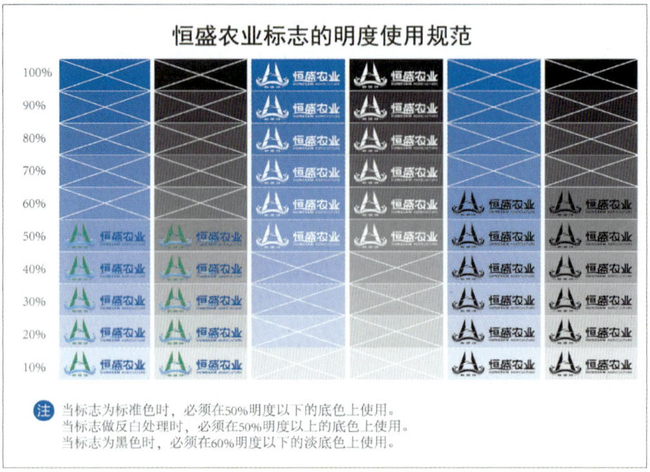

图 3–34　明度使用规范

3.4.4 辅助图形设计

在 VI 设计中，辅助图形占据着举足轻重的地位。它不仅能够有效弥补标志的不足，还能极大地丰富整体设计，进而强化企业形象。辅助图形又称象征图形，与标志、标准字、标准色等基本要素共同构成了 VI 设计的核心框架。在平面上，辅助图形与这些基本要素相互呼应，形成层次分明、强弱有序、大小得当的视觉效果（图 3–35）。

辅助图形

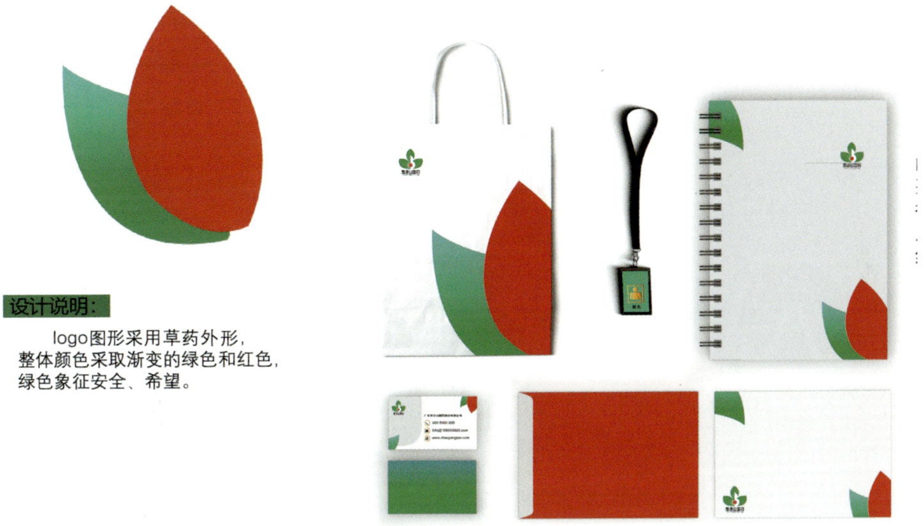

图 3–35 辅助图形

辅助图形是一个充满灵活性的符号，其设计旨在满足各种宣传媒体的需求。由于应用设计项目种类繁多、形式各异，画面大小也变化无常，因此辅助图形并非一成不变的固定图案。它需要根据不同的媒介或版面面积的大小进行适度的调整和变化，以适应各种设计场景。

对于初创品牌而言，辅助图形尤为重要。由于新兴品牌尚未被大众广泛认知，辅助图形能够增强品牌的视觉识别性，提高品牌的认知度。一个优秀的辅助图形不仅有助于提升品牌的整体形象，还能为设计师在提案时增加成功的概率。

设计师在提案时，建议至少设计两个辅助图形，并展示其应用和延展效果。这样，客户能够直观地看到标志和标准字在产品上的呈现效果，从而感受到设计的丰富性、系统性和科学性。最终，根据客户认可的图形，设计师可以制作出完整的 VI 系统。这样的流程通常能够确保设计一次性通过审核。

一、辅助图形的优势与作用

1. 提升视觉元素的适应性

适应性强的标志能够更自如地应用于各类不同场景。辅助图形则进一步增强了标志或其他视觉元素的组合形式与应用环境的和谐性。在为标志提供对比与陪衬作用的同时，辅助图形也赋予了其他视觉元素更多的灵活性。如图 3–36 所示，名片上若仅有标志和段落文字，即使两者的大小保持不变，其呈现效果也会因摆放位置的不同而有所差异。设计一款与标志相得益彰的辅助图形，不仅能有效弥补画面的空洞感，还能显著提升视觉识别系统的适应性。如图

3-37 所示，在名片背面填充辅助图形和标志，即便正面承载了所有的文字信息，整体设计依然显得充实而不失美观。

图 3-36　没有辅助图形的名片

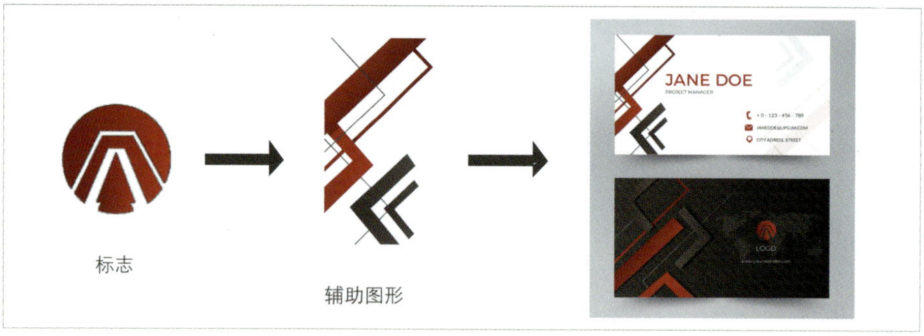

图 3-37　增加辅助图形的名片

2. 强化品牌的一致性

使用统一的辅助图形对于强化品牌视觉的一致性至关重要，这也是品牌积累与价值提升的重要途径。一套完整的辅助图形能够产生巨大的无形商业价值。如图 3-38 所示，尽管标志相同，但辅助图形形式的不一致会削弱品牌视觉识别的记忆效果。相比之下，如图 3-39 所示，即使辅助图形的造型表现形式有所不同，只要保持颜色一致，采用标准色，品牌的视觉识别依然能够保持一致性。如图 3-40 所示，成套的包装设计中，虽然辅助图形的元素有所变化，但其表现形式的一致性使得消费者能够一眼识别出这一系列的产品。

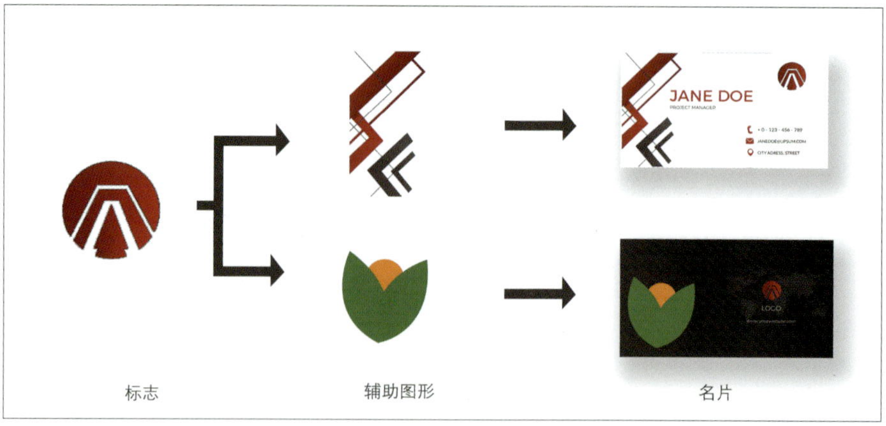

图 3-38　辅助图形的形式不一致

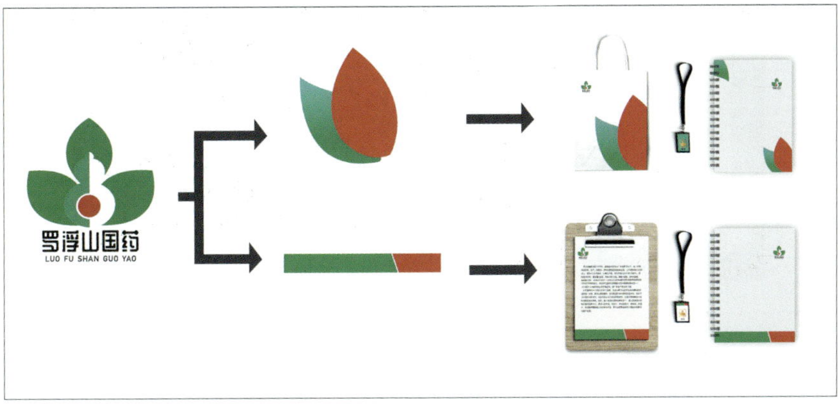

图 3–39　颜色一致的辅助图形

图 3–40　成套包装的辅助图形

3. 补充品牌含义及气质

当标志本身较为普通时，辅助图形能够在一定程度上补充标志所缺失的含义或气质。如图 3–41 所示，英文标志通过字体的选择（富图拉字体，包豪斯在字体设计中的典型应用，传达出实用、理性、现代、未来的感觉），结合辅助图形的设计，能够隐晦地传递出行业属性的信息。如图 3–42 所示，通过对品牌气质与字体的深入理解，结合包豪斯对现代建筑使用性的改造理念，辅助图形的设计使得品牌与建筑行业的关联一目了然。

4. 提高视觉美感

辅助图形的设计对于提升整体视觉美感至关重要。设计精良的辅助图形能够增强画面的美感，设计不当则可能产生反效果。因此，在设计辅助图形时，必须充分考虑画面的视觉美感，确保其与整体设计风格的协调与统一。

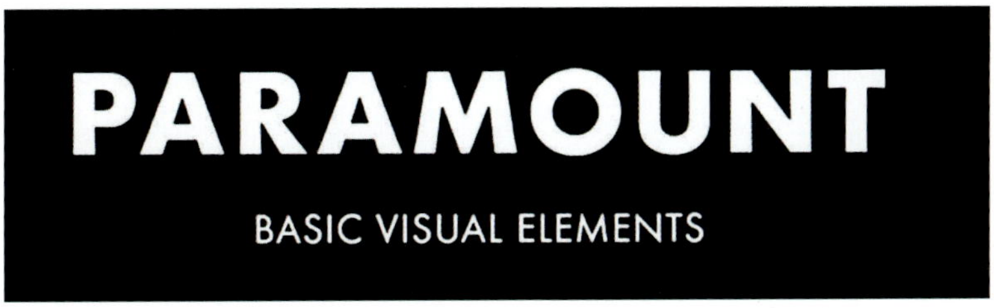

图 3–41　辅助图形补充品牌含义

图 3–42　辅助图形加强品牌气质

二、辅助图形的注意事项

⑴ 辅助图形的含义要与品牌及标志高度契合。

⑵ 辅助图形的意义及独立性不能超过标志。

⑶ 辅助图形的造型需具备足够的弹性。

三、辅助图形的延展

为了充实企业形象、丰富标志的具体应用，可以在辅助图形的基础上进行延展，使其在应用中达到丰富视觉效果、统一视觉形象的双重作用（图 3–43）。

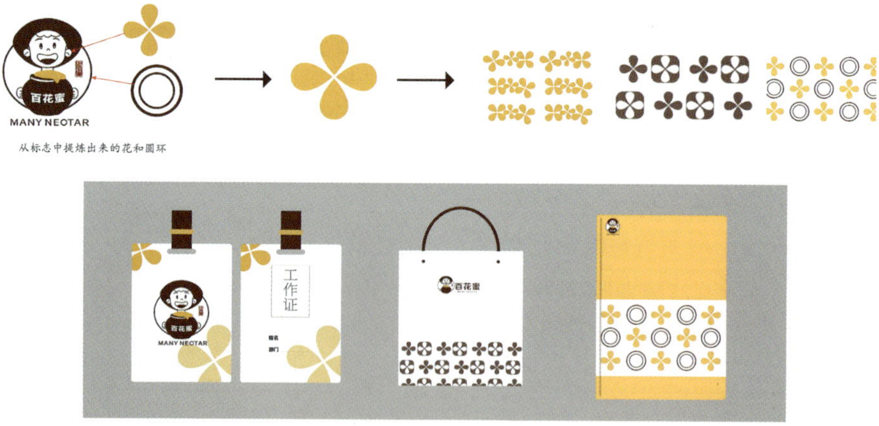

图 3–43　辅助图形的延展

3.4.5　吉祥物设计

吉祥物又称企业造型，是企业品牌为企业识别塑造的特定造型符号，主要是为了强调企业性格，配合广告宣传而专门设计创作的人物、植物或动物的拟人化形象。吉祥物具有企业标志的作用，可以说是企业的第二标志形象。吉祥物作为一个企业或品牌的代表性和象征性角色形象，能直接转变消费者对企业的印象，有利于个性化的企业形象的确立。

一、吉祥物设计的分类

1. 人物类吉祥物

人物类吉祥物造型是比较常用的一种形式，容易引起人们的好感，并能拉近人与企业之间的距离，有着天然的亲和力。比如小朋友喜爱的有着喜庆、友善、可爱的小丑形象的麦当劳叔叔，充满朝气的海尔兄弟，旺旺集团的旺旺公仔（图 3–44 至图 3–46）。

图 3–44　麦当劳叔叔

图 3–45　海尔兄弟

图 3–46　旺旺公仔

企业造型

2. 动物类吉祥物

一般都是以拟人化的手法来表现动物类吉祥物造型。可以将动物本身的特点与企业的特点、文化和所要表达的信息相结合，从而创作出能代表企业形象的吉祥物；也可以根据企业的名称选定一种动物作为吉祥物，如天猫以猫作为吉祥物，搜狗以狗作为吉祥物（图 3–47）。

图 3–47　天猫吉祥物和搜狗吉祥物

冰墩墩是 2022 年北京冬奥会吉祥物，是由广州美术学院视觉艺术设计学院的 14 名师生历时一年多精心创造出来的作品（图 3–48）。

冰墩墩的设计理念：将憨厚可爱的熊猫形象和富有科技感的冰晶外壳相结合，头部外壳造型取自冰雪运动头盔，装饰彩色光环，整体形象酷似航天员。该造型不仅体现出了人与自然和谐共生的理念，还体现出冬季冰雪运动的激昂节奏与现代运动科技的先进水平。

冰墩墩的寓意：冰墩墩寓意创造非凡、探索未来，体现了追求卓越、引领时代，以及面向未来的无限可能。其名字中的“冰”，寓意着纯洁坚强、勇往直前，这也是冬奥会的主要特点。“墩墩”则寓意敦厚、健康、活泼、可爱，契合熊猫的整体形象，也象征着冬季奥运会运动员们勇往直前的进取精神，以及振奋人心的奥林匹克运动精神。

图 3-48　2022 年北京冬奥会吉祥物

3. 植物类吉祥物

不同的植物有不同的个性和形态，选择能表现企业形象特征的植物，通过拟人化的手法设计符合企业形象的吉祥物。如茶花代表高洁的品质，竹子代表刚直不阿，牡丹代表雍容华贵(图 3-49)。

图 3-49　植物类吉祥物

4. 品牌产品造型类吉祥物

以产品作为造型的吉祥物，将产品赋予人的个性，突出产品所具有的特性，使产品的特征更为突出、鲜明，使消费者能直观地识别产品和企业品牌，并加深印象。最有代表性的品牌产品造型类吉祥物是法国米其林公司的轮胎人，如图 3-50 所示。

图 3-50　米其林公司的轮胎人

隆昌海鲜酒家是一家以经营广东茶点为主的酒家，其吉祥物以经典产品小笼包为原型，将其 Q 版拟人化，整个吉祥物的造型生动可爱，简单易记，有识别性(图 3-51)。

图 3-51　蒸笼包子吉祥物

5. 联想类吉祥物

根据企业的理念和品牌的定位以及产品的特质，基于相关物质材料的联想而创造的吉祥物，使人能快速地联想到相关的企业和品牌。如图 3–52 所示，杨村百花蜜品牌的吉祥物以蜜蜂的卡通形象为创作原型进行形象设计，让消费者通过可爱的卡通形象感受到杨村百花蜜自然、原生态的品质，对杨村百花蜜品牌产生亲切感和信赖感。

图 3–52　杨村百花蜜吉祥物三视图

二、吉祥物设计的特性

1. 关联性

吉祥物设计要突出企业、行业、产品等的特征。例如调味食品企业的吉祥物可以是憨厚可爱的厨师形象，有明显的职业身份。

2. 个性化

吉祥物应具有与众不同的鲜明个性，别具一格，有一定的时代特征和极强的识别性。

3. 情感性

吉祥物设计要具有明显的人格化特征，因为只有人格化的形象才具有情感的力量，才能打动消费者。

4. 定型化

吉祥物与标志的视觉风格要匹配，主要体现在色彩上，应采用标准色，以便形成统一的视觉效果，提升关联度。

5. 取个好名

吉祥物的名字需朗朗上口，易于识别，有一定的内涵。其名字、形体、寓意这三项应统一。

3.4.6　基本要素整体组合设计规范

一、基本要素整体组合设计规范

1. 基本要素整体组合设计规范的概念

基本要素整体组合设计规范即标准组合规范，旨在将所有视觉基本要素（企业标志、标准字体、标准色、辅助图形等）进行综合应用，构建统一的企业视觉识别系统。该系统需适应不同项目、媒体、场合、环境、材料、工艺及尺寸范围等多样化的应用需求，具体涵盖各要素在组合时的位置、距离、方向、尺寸等规范，旨在实现企业视觉效果的个性化，并促进企业形象的有效宣传与推广。

基本要素整体组合设计规范

2. 基本要素整体组合的表现形式

基本要素整体组合的表现形式包括但不限于：

(1) 标志与企业中文名称或简称的组合；

(2) 标志与品牌名称的组合；

(3) 标志与企业英文名称全称或简称的组合；

(4) 标志与企业名称或品牌名称及企业造型的组合；

(5) 标志与企业名称或品牌名称及企业宣传口号、广告语等的组合；

(6) 标志与企业名称及地址、电话号码等资讯的组合。

3. 禁止组合注意事项

在 VI 设计中，除了标准的组合设计外，还需制定一些禁止组合规范，以避免在实际应用中出现错误。禁止组合规范主要包括：

(1) 禁止在规范组合上添加其他造型符号；

(2) 禁止改变规范组合中基本要素的大小、比例、位置等属性；

(3) 禁止对基本要素进行规范以外的处理，如给标志加框、立体化、网线化等；

(4) 禁止对规范组合进行字距调整、字体变形、压扁、斜向等改变。

二、基本要素整体组合在 VI 设计手册中的项目规范

1. 标志与中英文简称组合（横排、竖排）

标志作为企业形象系统的核心要素，其组成部分应确保科学、规范、连续、统一。在实际应用中，必须严格遵循标准组合规范，将其作为检验标志使用是否合规的基准。不得随意调整标志各基本要素之间的大小、位置、间距等关系，以确保整体视觉效果的一致性和专业性（图 3–53）。

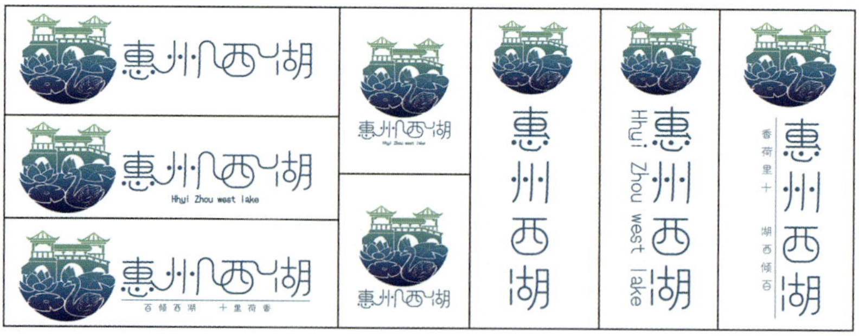

图 3–53　标志与中英文简称组合

2. 标志与中英文全称组合（横排、竖排）

在制定标志与标准字的组合规范时，需准确把握横排和竖排的大致位置与间距，确保视觉上的协调。在此基础上，进一步详细标注具体尺寸，以确保组合效果的精确性和统一性（图 3–54）。

3. 标志与辅助图形组合

为了确保项目形象在任何场合下都能保持信息传达的清晰与准确，特制定了多种标志与辅助图形的组合模式（图 3–55）。

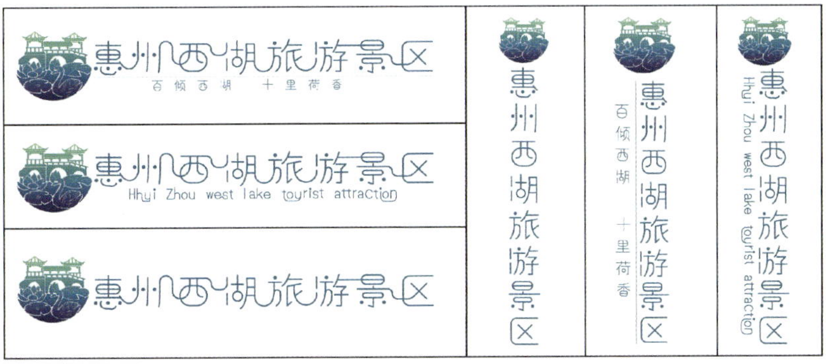

图 3-54 标志与中英文全称组合

图 3-55 标志与辅助图形组合

4. 标志与多种信息组合

为满足不同场合下项目形象信息传达的需求，特规定了标志与多种信息的组合方式。这些组合包括标志与企业名称、品牌名称、宣传口号、广告语等元素的结合，以及标志与企业地址、电话号码等资讯的组合(图 3-56)。

图 3-56 标志与多种信息组合

5. 禁止组合

在 VI 设计中，还需要制定一些禁止组合规范，以避免在基本要素的排列组合、色彩搭配、结构布局、比例关系等方面出现错误(图 3-57)。

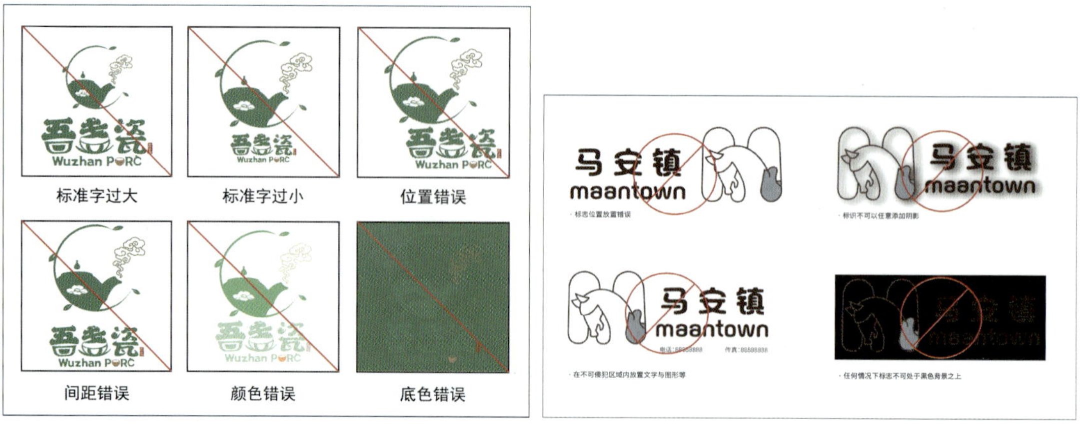

图 3-57　禁止组合

3.5　项目范例

案例欣赏一：珠江钢琴新标志设计（图 3-58）

珠江钢琴新标志设计提案 PPT

图 3-58　珠江钢琴新标志设计

续图 3–58

案例欣赏二：新皇朝大酒店 VI 基础识别系统（图 3–59）

新皇朝大酒店 VI 基础识别系统

图 3–59　新皇朝大酒店 VI 基础识别系统

续图 3-59

3.6　工作任务实施

工作任务 1　标志规定

工作任务描述

指导老师根据学生在项目二中完成的多个标志设计方案中，挑选最佳标志进行拓展，按照设计的工作流程（工作环节），完成基础要素设计与制作的工作任务——标志规定。标志规定包括标志的正稿、线稿、单色稿、反白稿、标准化制图、方格坐标制图、预留空间、最小比例限定等工作内容。

任务目标

知识目标：

（1）掌握标志规范制作的各个知识点。

（2）掌握标准化制图的方法。

能力目标：

（1）能熟练制作标志规范。

（2）能按照行业规范，制作出符合客户需求的标志标准化制图。

素质目标：

（1）具备良好的 VI 设计专业素养和忠诚的职业精神。

（2）熟练掌握多项软件技术，具备丰富的标志规定制作知识，精通 VI 设计行业的技术标准。

思想提升

“图难于其易，为大于其细。天下难事，必作于易；天下大事，必作于细。”结合本次工作任务，请谈一谈在完成工作任务的过程中需要注意哪些细节。

建议学时

6学时

工作流程与活动

工作活动1:任务确立
工作活动2:任务制定
工作活动3:任务实施
工作活动4:任务评价与总结

工作活动1: 任务确立

引导问题

问题1: 当标志包含面部结构时,其反白稿必须保持面部________,阴影部分调为_______。不能把整个人物的面部的色彩_______,否则会有胶片的感觉,应保留面部的白色。

问题2:网格坐标制图也叫_______,是将_______与_______置于规整的正方形格子中,然后将标志图形的整体比例关系、定位线、基线通过_______在网格坐标中_______的一种制图方式。

问题3:安全空间一般以标志窄边宽度的_______来设定,也可以用标志的某一部分的宽度来设定,或者用标准组合中的某一个字母的宽度来设定。

工作任务确立

(1)标志规定设计任务清单:

☐ 标志色彩稿及设计说明
☐ 标志正稿
☐ 标志线稿
☐ 标志单色稿
☐ 标志反白稿
☐ 标志标准化制图
☐ 标志方格坐标制图
☐ 标志预留空间
☐ 最小比例限定

(2)设计周期:_______天。

(3)任务报价:_______元。

工作活动2: 任务制定

工作任务描述

根据任务清单勾选的内容,完成标志规定的各项任务内容。

活动流程

<table>
<tr><th>环节</th><th>任务内容</th><th>时间进度</th><th>负责人</th><th>注意事项及要求</th></tr>
<tr><td>环节一</td><td>看微课，学习标志规定
微课：标志的规范制作
微课：标准化制图＋预留空间＋最小比例</td><td></td><td></td><td rowspan="5">1. 学习3.4节“知识储备”下3.4.1小节“标志规定”中的知识点。
2. 确定设计主题：指导老师给学生发放“任务清单”，学生完成“任务清单”的填写，确定小组成员任务分工、工作流程、时间节点等。
3. 设计实训：通过前期设计的标志项目，设计制作标志规定任务。
4. 方案修正：指导老师及企业主管人员与学生交流讨论，打磨和优化标志规定任务，指导最后方案的修改和修正，并进行综合评分</td></tr>
<tr><td>环节二</td><td>与客户沟通“标志规定设计任务清单”工作内容</td><td></td><td></td></tr>
<tr><td>环节三</td><td>标志的墨稿、线稿、单色稿、反白稿的规范制作</td><td></td><td></td></tr>
<tr><td>环节四</td><td>标志标准化制图的规范制作</td><td></td><td></td></tr>
<tr><td>环节五</td><td>标志预留空间与最小比例限定的规范制作</td><td></td><td></td></tr>
</table>

工作活动3：任务实施

活动思考

问题：根据项目二选定的标志方案，在设定好标志规定的任务内容后，下一步我们要做什么呢？

活动实施

实施环节	活动内容	活动安排	活动记录
环节一 设计准备	看微课,学习标志规定 微课：标志的规范制作 微课：标准化制图＋预留空间＋最小比例	学习 3.4 节“知识储备”下 3.4.1 小节“标志规定”中的知识点	附表 1:学习笔记
环节二 职业沟通练习	在实际工作中,设计师除需要具有专业的设计能力外,还需具有良好的与客户沟通的能力。以小组为单位分配角色,扮演设计师与客户,增强与他人沟通的能力。通过小组讨论,拟定任务清单的选项、模拟报价、签订合同等沟通内容	具体活动 1:角色选择	附表 2:任务分配表
		具体活动 2:角色扮演	附表 3:情景模拟表
		具体活动 3:评价	附表 4:情景模拟评价表
环节三 草图设计与规范制作	无论是草图设计还是最后方案图的规范制作,都是设计构思的锤炼过程,往往需要反复的研讨、评估,不断赋予新的设计构想,完成必要的提炼修正,最终确定最佳方案,并进行标志规范制作	具体活动 1:草图设计	附表 6:草图设计
		具体活动 2:设计终稿展示	附表 7:终稿展示
环节四 设计方案 PPT	设计方案 PPT: (1)PPT 的排版制作; (2)文字组织和撰写规范; (3)标志规定的设计排序(文字及图表展示); (4)标志正稿的精细制作	具体活动 1:设计方案 PPT 的制作	附表 8:项目汇报
		具体活动 2:展示汇报	附表 8:项目汇报

工作活动 4：任务评价与总结

任务评价是过程性的评价，初步的设计思路、小组讨论、阶段设计草图和设计方案的确定及设计展示的过程都囊括在教学评价内容中，着重于核心专业技能和职业岗位能力的评价。

任务评价与总结

一级指标	二级指标	评价内容	分值	自评	互评	教师	客户
工作能力（60 分）	小组协作能力	能够相互传递调研信息，并进行归纳、总结和检验，发现问题，提出问题，解决问题，阐明观点，完成任务	10				
	实践操作能力	标志正稿、线稿、单色稿、反白稿的规范制作能力	20				
		标志预留空间与最小比例限定的规范制作能力	10				
	表达能力	能够正确组织和传达任务设计方案	10				
		能够与他人准确沟通标志规定各项任务设计方案	10				
作品得分（40 分）	职业岗位能力	创新性、科学性、实用性、严谨性	10				
		能够设计、制作出精准的、符合企业实际需求的标志规定项目	10				
		客户满意度	20				
总结							

工作任务 2　标准字体规定

工作任务描述

企业标准字体可细分为中文全称字体、中文简称字体、英文全称字体、英文简称字体、中英文全称字体、中英文简称字体，如果有分公司，也要把分公司的名称单独列为一项。每一项展示的内容包括标准字体的方格坐标制图、结构制图、彩色稿、墨稿、反白稿。

任务目标

知识目标：

(1) 掌握中英文简称字体的设计技巧。

(2) 掌握中英文简称组合标准化制图的方法。

能力目标：

(1) 能熟练地制作标准字体的方格坐标制图、结构制图。

(2) 能按照行业规范，制作出符合客户需求的标准字体规范。

素质目标：

(1) 具备良好的 VI 设计专业素养和忠诚的职业精神。

(2) 熟练掌握多项软件技术，具备丰富的标准字体规定制作知识。

(3) 具备跨界合作精神，拥有解决数字领域问题的能力。

思想提升

如何理解“实践是思想的真理”？我们为什么要进行标准字体规定设计？

建议学时

4 学时

工作流程与活动

工作活动 1：任务确立

工作活动 2：任务制定

工作活动 3：任务实施

工作活动 4：任务评价与总结

工作活动 1：任务确立

引导问题

问题 1：企业的标准字体规定包括两大类，分别是________和________。

问题 2：标准字体主要分为两类，分别是________和________。

问题 3：企业简称或全称的中英文字体组合的字体、________、________、________均明确规范，推广传达过程中应严格执行，不可随意调整。

问题 4：________不需要特意去设计，只要在现成的字体库中选择________与企业形象、风格相配套的字形即可。

工作任务确立

⑴ 标准字体规定设计任务清单：

☐ 中文简称标准字体

☐ 英文简称标准字体

☐ 中英文简称标准字体组合

☐ 中文全称标准字体

☐ 英文全称标准字体

☐ 中英文全称标准字体组合

☐ 中文专用印刷字体

☐ 英文专用印刷字体

⑵ 设计周期：________天。

⑶ 任务报价：________元。

工作活动 2：任务制定

工作任务描述

根据任务清单勾选的内容，完成标准字体规定的各项任务内容。

活动流程

<table>
<tr><th>环节</th><th>任务内容</th><th>时间进度</th><th>负责人</th><th>注意事项及要求</th></tr>
<tr><td>环节一</td><td>看微课，学习标准字体规定
微课：标准字体规定</td><td></td><td></td><td rowspan="5">1. 学习 3.4 节“知识储备”下 3.4.2 小节“标准字体规定”中的知识点。
2. 确定设计主题：指导老师给学生发放“任务清单”，学生完成“任务清单”的填写，确定小组成员任务分工、工作流程、时间节点等。
3. 设计实训：设计制作标准字体和制定印刷字体。
4. 方案修正：指导老师及企业主管人员与学生交流讨论，打磨和优化标准字体规定任务，指导最后方案的修改和修正，并进行综合评分</td></tr>
<tr><td>环节二</td><td>与客户沟通“标准字体规定设计任务清单”工作内容</td><td></td><td></td></tr>
<tr><td>环节三</td><td>设计简称标准字体及其横版制图规范、竖版制图规范</td><td></td><td></td></tr>
<tr><td>环节四</td><td>设计全称标准字体及其横版制图规范、竖版制图规范</td><td></td><td></td></tr>
<tr><td>环节五</td><td>制定中英文专用印刷字体</td><td></td><td></td></tr>
</table>

工作活动 3：任务实施

活动思考

问题：根据客户的需求，在设定好标准字体规定设计的任务内容后，下一步我们要做什么呢？

活动实施

实施环节	活动内容	活动安排	活动记录
环节一 设计准备	看微课，学习标准字体规定 微课：标准字体规定	学习 3.4 节“知识储备”下 3.4.2 小节“标准字体规定”中的知识点	附表 1：学习笔记 附表 2：任务分配表
环节二 设计中英文简称标准字体	(1) 设计中文简称标准字体； (2) 设计中文简称标准字体横版制图规范； (3) 设计中文简称标准字体竖版制图规范； (4) 设计英文简称标准字体； (5) 设计英文简称标准字体横版制图规范； (6) 设计英文简称标准字体竖版制图规范； (7) 设计中英文简称标准字体组合； (8) 设计中英文简称标准字体组合横版制图规范； (9) 设计中英文简称标准字体组合竖版制图规范	参考案例，完成任务 中英文简称标准字体	附表 6：草图设计
环节三 设计中英文全称标准字体	(1) 设计中文全称标准字体； (2) 设计中文全称标准字体横版制图规范； (3) 设计中文全称标准字体竖版制图规范； (4) 设计英文全称标准字体； (5) 设计英文全称标准字体横版制图规范； (6) 设计英文全称标准字体竖版制图规范； (7) 设计中英文全称标准字体组合； (8) 设计中英文全称标准字体组合横版制图规范； (9) 设计中英文全称标准字体组合竖版制图规范	参考案例，完成任务 中英文全称标准字体	附表 6：草图设计
环节四 制定中英文印刷专用字体	(1) 制定中文印刷专用字体； (2) 制定英文印刷专用字体	参考案例，完成任务 中英文印刷专用字体	附表 6：草图设计

工作活动 4：任务评价与总结

任务评价是过程性的评价，初步的设计思路、小组讨论、阶段设计草图和设计方案的确定及设计展示的过程都囊括在教学评价内容中，着重于核心专业技能和职业岗位能力的评价。

任务评价与总结

一级指标	二级指标	评价内容	分值	自评	互评	教师	客户
工作能力（60 分）	小组协作能力	能够相互传递调研信息，并进行归纳、总结和检验，发现问题，提出问题，解决问题，阐明观点，完成任务	10				
	实践操作能力	中英文标准字体的规范制作能力	20				
		专用中英文印刷字体的规范制定能力	10				
	表达能力	能够正确组织和传达任务设计方案	10				
		能够与他人准确沟通标准字体规定各项任务设计方案	10				
作品得分（40 分）	职业岗位能力	创新性、科学性、实用性、严谨性	10				
		能够设计、制作出精准的、符合企业实际需求的标准字体规定项目	10				
		客户满意度	20				
总结							

工作任务 3　色彩系统规定

工作任务描述

色彩系统规定包括标志的标准色及其色阶、辅助色及其色阶、背景色使用规定、色彩搭配组合专用表、明度使用规范。标准色色值应标示印刷色 CMYK、屏幕显示色 RGB、Web 标准颜色。辅助色可只标示印刷色 CMYK。

任务目标

知识目标：

(1) 掌握标志标准色的搭配。

(2) 掌握辅助色的制定方法。

(3) 掌握标准色与背景色的搭配使用。

能力目标：

(1) 能熟练标示标准色色值及制作色阶。

(2) 能按照行业规范，制作背景色使用规定、色彩搭配组合专用表、明度使用规范。

素质目标：

(1) 拥有扎实的美术设计专业知识，并能够熟练执行美术设计标准。

(2) 具备美术设计师应具备的社会责任意识以及深厚的人文素养。

思想提升

如何理解“美美与共”的含义？如何设计富有美感的色彩搭配标志？

建议学时

4 学时

工作流程与活动

工作活动 1：任务确立

工作活动 2：任务制定

工作活动 3：任务实施

工作活动 4：任务评价与总结

工作活动 1：任务确立

引导问题

问题 1：企业标准色是企业通过色彩的视知觉传达，设定反映企业独特的精神理念、组织机构、营运内容、市场营销与风格面貌的状态的色彩，是________、________及宣传媒体专用的色彩。辅助色在无法很好地表达________时才会使用，辅助色并非________，________了反而会导致混乱，一般制定________种辅助色即可。

问题 2：标准色就是________的色彩。

问题 3：________是在 VI 设计中，为了确保企业标志在企业形象传播过程中的________、________和________，对背景色明暗程度（色度）进行标准化规定，避免标志与背景色混淆，影响识别。

工作任务确立

(1) 色彩系统规定设计任务清单：

☐ 标准色

☐ 标准色色阶规范

☐ 辅助色

☐ 辅助色色阶规范

☐ 背景色使用规定

☐ 色彩搭配组合专用表

☐ 明度使用规范

(2) 设计周期：________天。

(3) 任务报价：________元。

工作活动 2：任务制定

工作任务描述

根据任务清单勾选的内容，完成色彩系统规定的各项任务内容。

活动流程

环节	任务内容	时间进度	负责人	注意事项及要求
环节一	看微课，学习色彩系统规定 色彩系统规定			1. 学习 3.4 节“知识储备”下 3.4.3 小节“色彩系统规定”中的知识点。 2. 确定设计主题：指导老师给学生发放“任务清单”，学生完成“任务清单”的填写，确定小组成员任务分工、工作流程、时间节点等。 3. 设计实训：设计制作色彩系统规定任务。 4. 方案修正：指导老师及企业主管人员与学生交流讨论，打磨和优化色彩系统规定任务，指导最后方案的修改和修正，并进行综合评分
环节二	与客户沟通“色彩系统规定任务清单”工作内容			
环节三	设计标准色及其色阶 色阶表现值的制作方法			
环节四	设计辅助色及其色阶 辅助色的制定方法			
环节五	制作背景色使用规定			
环节六	制作色彩搭配组合专用表			
环节七	制作明度使用规范			

工作活动 3：任务实施

活动思考

问题：根据客户的需求，在设定好色彩系统规定的任务内容后，下一步我们要做什么呢？

活动实施

实施环节	活动内容	活动安排	活动记录
环节一 设计准备	看微课，学习色彩系统规定 微课：标准色 微课：辅助色	学习 3.4 节“知识储备”下 3.4.3 小节“色彩系统”规定中的知识点	附表 1：学习笔记
环节二 制定标准色	（1）标准色的色值标示； （2）标准色色阶制作	参考案例，完成任务 色阶表现值的制作方法	附表 6：草图设计
环节三 制定辅助色	（1）辅助色的制定； （2）辅助色色值标示及色阶制作	参考案例，完成任务 辅助色的制定方法	附表 6：草图设计
环节四 制定背景色使用规范表	三选一： （1）背景色使用规定； （2）色彩搭配组合专用表； （3）明度使用规范	参考案例，完成任务 背景色使用规定	附表 6：草图设计

工作活动 4：任务评价与总结

任务评价是过程性的评价，初步的设计思路、小组讨论、阶段设计草图和设计方案的确定及设计展示的过程都囊括在教学评价内容中，着重于核心专业技能和职业岗位能力的评价。

任务评价与总结

一级指标	二级指标	评价内容	分值	自评	互评	教师	客户
工作能力（60分）	小组协作能力	能够相互传递调研信息，并进行归纳、总结和检验，发现问题，提出问题，解决问题，阐明观点，完成任务	10				
	实践操作能力	标准色的标示及其色阶规范制作能力	10				
		辅助色的标示及其色阶规范制作能力	10				
		背景色使用规定制作能力	5				
		色彩搭配组合专用表制作能力	5				
		明度使用规范制作能力	5				
	表达能力	能够正确组织和传达任务设计方案	10				
		能够与他人准确沟通色彩系统规定各项任务设计方案	5				
作品得分（40分）	职业岗位能力	创新性、科学性、实用性、严谨性	10				
		能够设计、制作出精准的、符合企业实际需求的色彩系统规定项目	10				
		客户满意度	20				
总结							

工作任务4　辅助图形设计

工作任务描述

设计4～8个辅助图形，以及不少于8个辅助图形延展效果稿，辅助图形可相互搭配组合成延展效果稿，设计不少于3套辅助图形在应用中的呈现。

任务目标

知识目标：

(1) 了解辅助图形的优势与作用。

(2) 了解辅助图形的设计方法。

能力目标：

(1)能够熟练掌握辅助图形的设计方法。
(2)能够开发新的辅助图形设计方法。
素质目标：
(1)拥有扎实的美术设计专业知识，并能够熟练执行美术设计标准。
(2)具备出色的沟通能力、团队协作精神和协作能力。
(3)勤于思考，具备可持续发展的能力。

思想提升

"水可载舟，亦可覆舟"，请从这句话中理解客户与设计师之间有何关系。在制定此任务时，主要考虑的因素是什么？

建议学时

6学时

工作流程与活动

工作活动1：任务确立
工作活动2：任务制定
工作活动3：任务实施
工作活动4：任务评价与总结

工作活动1：任务确立

引导问题

问题1：当设计师提案时，设计至少＿＿＿＿＿个辅助图形，以及辅助图形的＿＿＿＿＿和＿＿＿＿＿，让客户直观地看到标志和标准字在产品上的呈现效果，客户会觉得此设计做得很丰富、很系统、很科学。

问题2：使用＿＿＿＿＿辅助图形非常重要，是品牌积累及价值体现的重要途径。成体系的辅助图形能产生＿＿＿＿＿。

问题3：简述开发辅助图形的目的。

问题4：谈谈辅助图形的分类方法。

工作任务确立

(1)辅助图形设计任务清单：

☐ 辅助图形
  ☐ 2个
  ☐ 4个
  ☐ 6个

　　□ 8 个
□ 辅助图形延展效果稿
□ 辅助图形的应用
　　□ 2 个
　　□ 4 个
　　□ 6 个
　　□ 8 个

②设计周期：________天。

③任务报价：________元。

工作活动 2：任务制定

工作任务描述

根据任务清单勾选的内容，完成辅助图形设计的各项任务内容。

活动流程

环节	任务内容	时间进度	负责人	注意事项及要求
环节一	看微课，学习辅助图形的设计方法 微课：辅助图形（1） 微课：辅助图形（2）			1. 学习 3.4 节“知识储备”下 3.4.4 小节“辅助图形设计”中的知识点。 2. 确定设计主题：指导老师给学生发放“任务清单”，学生完成“任务清单”的填写，确定小组成员任务分工、工作流程、时间节点等。
环节二	与客户沟通“辅助图形设计任务清单”工作内容			
环节三	设计辅助图形 微课：辅助图形的设计方法			

续表

环节	任务内容	时间进度	负责人	注意事项及要求
环节四	辅助图形延展效果稿			3. 设计实训:设计制作辅助图形设计任务。 4. 方案修正:指导老师及企业主管人员与学生交流讨论,打磨和优化辅助图形设计任务,指导最后方案的修改和修正,并进行综合评分
环节五	制作 PPT,进行提案演示 标志设计提案 PPT 模板			

工作活动 3:任务实施

活动思考

问题:根据客户的需求,在设定好辅助图形设计的任务内容后,下一步我们要做什么呢?

活动实施

实施环节	活动内容	活动安排	活动记录
环节一 设计准备	看微课,学习辅助图形的设计方法 微课:辅助图形(1) 微课:辅助图形(2)	学习 3.4 节“知识储备”下 3.4.4 小节“辅助图形设计”中的知识点	附表 1:学习笔记
环节二 辅助图形设计	设计 2~8 个辅助图形方案(每个小组成员都要参与设计至少 2 个方案)	具体活动 1:草图设计 具体活动 2:电脑绘图	附表 6:草图设计
环节三 辅助图形延展效果稿	设计辅助图形延展效果稿	具体活动 1:草图设计 具体活动 2:电脑绘图	附表 6:草图设计
环节四 辅助图形的应用	(1)辅助图形在办公用品中的应用; (2)辅助图形在包装产品上的应用; (3)辅助图形在导视系统中的应用	具体活动 1:草图设计 具体活动 2:电脑绘图	附表 6:草图设计

续表

实施环节	活动内容	活动安排	活动记录
环节四 设计方案 PPT	设计方案 PPT： ① PPT 的排版制作； ②文字组织和撰写规范； ③辅助图形的设计排序（文字及图表展示）； ④辅助图形的正稿的精细制作与规范 标志设计提案 PPT 模板	具体活动 1：设计方案 PPT 的制作	附表 6：项目汇报
		具体活动 2：展示汇报	

工作活动 4：任务评价与总结

任务评价是过程性的评价，初步的设计思路、小组讨论、阶段设计草图和设计方案的确定及设计展示的过程都囊括在教学评价内容中，着重于核心专业技能和职业岗位能力的评价。

任务评价与总结

一级指标	二级指标	评价内容	分值	自评	互评	教师	客户
工作能力（60 分）	小组协作能力	能够相互传递调研信息，并进行归纳、总结和检验，发现问题，提出问题，解决问题，阐明观点，完成任务	10				
	实践操作能力	辅助图形的设计能力	10				
		能够对辅助图形进行延展	10				
		辅助图形的应用能力	10				
	表达能力	能够正确组织和传达任务设计方案	10				
		能够与他人准确沟通辅助图形设计各项任务设计方案	10				
作品得分（40 分）	职业岗位能力	创新性、科学性、实用性、严谨性	10				
		能够设计、制作出精准的、符合企业实际需求的辅助图形设计项目	10				
		客户满意度	20				
总结							

工作任务 5 吉祥物设计

工作任务描述

设计符合企业形象特征的吉祥物，并撰写造型设计说明。具体工作包括绘制吉祥物的墨稿、单色稿、三视图、立体效果图，以及设计吉祥物的基本动态。

任务目标

知识目标：

(1) 了解吉祥物设计的分类。

(2) 了解吉祥物设计的特征。

能力目标：

(1) 熟练掌握吉祥物设计的方法与技巧。

(2) 具备创新能力。

素质目标：

(1) 具备出色的沟通能力、团队协作精神和协作能力。

(2) 勤于思考，具备可持续发展的能力。

思想提升

如何理解“无规矩不成方圆”？在绘制吉祥物三视图时，如何体现“无规矩不成方圆”？

建议学时

6 学时

工作流程与活动

工作活动 1：任务确立

工作活动 2：任务制定

工作活动 3：任务实施

工作活动 4：任务评价与总结

工作活动 1：任务确立

引导问题

问题 1：吉祥物又称________，是企业品牌为企业识别塑造的特定造型符号，主要是为了强调企业性格，配合广告宣传而专门设计创作的________、________或________的拟人化形象。

问题 2：根据________和________以及________，基于相关物质材料的联想而创造的吉祥物，使人能快速地联想到相关的企业和品牌。

问题 3：________依照企业经营内容、媒体宣传内容等制作各种变形的吉祥物设计图。

工作任务确立

(1) 吉祥物设计任务清单：

☐ 吉祥物造型及释义

□ 吉祥物彩稿
□ 吉祥物墨稿
□ 吉祥物禁用规范
□ 吉祥物三视图
□ 吉祥物立体效果图
□ 吉祥物基本动态
  □ 2 个
  □ 4 个
  □ 6 个
  □ 8 个
  □ 10 个

(2) 设计周期：________天。
(3) 任务报价：________元。

工作活动 2：任务制定

工作任务描述

根据任务清单勾选的内容，完成吉祥物设计的各项任务内容。

活动流程

环节	任务内容	时间进度	负责人	注意事项及要求
环节一	看微课，学习吉祥物的设计方法 微课：吉祥物（企业造型）设计			1. 学习 3.4 节“知识储备”下 3.4.5 小节“吉祥物设计”中的知识点。 2. 确定设计主题：指导老师给学生发放“任务清单”，学生完成“任务清单”的填写，确定小组成员任务分工、工作流程、时间节点等。 3. 设计实训：设计制作吉祥物设计任务。 4. 方案修正：指导老师及企业主管人员与学生交流讨论，打磨和优化吉祥物设计任务，指导最后方案的修改和修正，并进行综合评分
环节二	与客户沟通“吉祥物设计任务清单”工作内容			
环节三	绘制吉祥物彩稿、三视图，并撰写造型设计说明			
环节四	绘制吉祥物墨稿、单色稿、立体效果图			
环节五	设计吉祥物的基本动态			

工作活动 3：任务实施

活动思考

问题：根据客户的需求，在设定好吉祥物设计的任务内容后，下一步我们要做什么呢？

活动实施

实施环节	活动内容	活动安排	活动记录
环节一 设计准备	看微课，学习吉祥物的设计方法 微课：吉祥物（企业造型）设计 吉祥物在 VI 手册中的项目规范	学习 3.4 节“知识储备”下 3.4.5 小节“吉祥物设计”中的知识点	附表 1：学习笔记
环节二 绘制吉祥物彩稿、三视图，并撰写造型设计说明	(1)绘制吉祥物彩稿，并撰写造型设计说明； (2)绘制吉祥物三视图	具体活动 1：草图设计	附表 6：草图设计
		具体活动 2：电脑绘图	
		具体活动 3：评价	附表 4：情景模拟评价表
环节三 绘制吉祥物墨稿、单色稿、立体效果图	(1)绘制吉祥物墨稿； (2)绘制吉祥物单色稿； (3)绘制吉祥物立体效果图	具体活动 1：草图设计	附表 6：草图设计
		具体活动 2：电脑绘图	附表 8：项目汇报
环节四 设计吉祥物的基本动态	设计吉祥物的基本动态	具体活动 1：草图设计	附表 6：草图设计
		具体活动 2：电脑绘图	

工作活动 4：任务评价与总结

任务评价是过程性的评价，初步的设计思路、小组讨论、阶段设计草图和设计方案的确定及设计展示的过程都囊括在教学评价内容中，着重于核心专业技能和职业岗位能力的评价。

任务评价与总结

一级指标	二级指标	评价内容	分值	自评	互评	教师	客户
工作能力（60分）	小组协作能力	能够相互传递调研信息，并进行归纳、总结和检验，发现问题，提出问题，解决问题，阐明观点，完成任务	10				
	实践操作能力	能绘制吉祥物彩稿、吉祥物三视图，并能撰写造型设计说明	10				
		能绘制吉祥物墨稿、单色稿、立体效果图	10				
		能设计吉祥物的基本动态	10				
	表达能力	能够正确组织和传达任务设计方案	10				
		能够与他人准确沟通企业吉祥物设计的各项任务设计方案	10				
作品得分（40分）	职业岗位能力	创新性、科学性、实用性、严谨性	10				
		能够设计、制作出精准的、符合企业实际需求的吉祥物设计项目	10				
		客户满意度	20				
总结							

工作任务6　基本要素整体组合设计规范

工作任务描述

基本要素整体组合设计规范又称为标准组合规范，是将所有视觉基本要素（企业标志、标准字体、标准色、辅助图形等）组合应用，涵盖了标志与中英文简称组合（横排、竖排）、标志与中英文全称组合（横排、竖排）、标志与辅助图形组合、标志与多种信息组合和禁止组合。

任务目标

知识目标：

(1) 了解基本要素整体组合设计规范。

(2) 掌握视觉基本要素组合方法。

能力目标：

(1) 熟练掌握基本要素整体组合设计的方法与技巧。

(2) 具备创新能力。

素质目标：

(1) 具备出色的沟通能力、团队协作精神和协作能力。

(2) 勤于思考，具备可持续发展的能力。

思想提升

如何理解“实践是思想的真理”这句话？我们为什么要进行基本要素整体组合设计？有什么作用？

建议学时

4 学时

工作流程与活动

工作活动 1：任务确立

工作活动 2：任务制定

工作活动 3：任务实施

工作活动 4：任务评价与总结

工作活动 1：任务确立

引导问题

问题 1：基本要素整体组合设计规范又称为标准组合规范，是将__________、__________、________和________等组合应用。

问题 2：基本要素整体组合的表现形式除了标志和标准字体组合，还可以与__________、________、________和________等组合。

问题 3：标志是企业形象系统的核心组成部分，标志的组成部分必须科学、规范、连续、统一，在实际应用中应严格依照标准组合执行并以此作为检验标志使用是否规范的标准，不可随意改变标志各基本要素之间的________、________和________等关系。

工作任务确立

(1) 基本要素整体组合设计规范任务清单：

- □ 标志与企业中文简称组合
- □ 标志与企业英文简称组合
- □ 标志与企业中英文简称组合
- □ 标志与企业中文全称组合
- □ 标志与企业英文全称组合
- □ 标志与企业中英文全称组合
- □ 标志与辅助图形组合
- □ 标志与吉祥物组合
- □ 标志与广告语组合
- □ 标志与企业口号组合
- □ 标志与企业名及地址、电话号码等资讯的组合

(2) 设计周期：________天。

(3) 任务报价：________元。

工作活动 2：任务制定

工作任务描述

根据任务清单勾选的内容，完成基本要素整体组合设计规范的各项任务内容。

活动流程

<table>
<tr><th>环节</th><th>任务内容</th><th>时间进度</th><th>负责人</th><th>注意事项及要求</th></tr>
<tr><td>环节一</td><td>看微课，学习基本要素整体组合设计规范
微课：基本要素整体组合设计规范</td><td></td><td></td><td rowspan="6">1. 学习 3.4 节“知识储备”下 3.4.6 小节“基本要素整体组合设计规范”中的知识点。
2. 确定设计主题：指导老师给学生发放“任务清单”，学生完成“任务清单”的填写，确定小组成员任务分工、工作流程、时间节点等。
3. 设计实训：设计制作基本要素整体组合设计规范任务。
4. 方案修正：指导老师及企业主管人员与学生交流讨论，打磨和优化基本要素整体组合设计规范任务，指导最后方案的修改和修正，并进行综合评分</td></tr>
<tr><td>环节二</td><td>与客户沟通“基本要素整体组合设计规范任务清单”工作内容</td><td></td><td></td></tr>
<tr><td>环节三</td><td>标志与中英文简称组合
标志与中英文全称组合</td><td></td><td></td></tr>
<tr><td>环节四</td><td>标志与辅助图形组合
标志与多种信息组合</td><td></td><td></td></tr>
<tr><td>环节五</td><td>禁止组合</td><td></td><td></td></tr>
<tr><td>环节六</td><td>制作 PPT，汇报设计方案
《基本要素任务汇报》PPT 模板（1）
《基本要素任务汇报》PPT 模板（2）</td><td></td><td></td></tr>
</table>

工作活动 3：任务实施

活动实施

<table>
<tr><th>实施环节</th><th>活动内容</th><th>活动安排</th><th>活动记录</th></tr>
<tr><td>环节一
设计准备</td><td>看微课，学习基本要素整体组合设计规范
微课：基本要素整体组合设计规范</td><td>学习 3.4 节“知识储备”下 3.4.6 小节“基本要素整体组合设计规范”中的知识点</td><td>附表 1：学习笔记</td></tr>
<tr><td rowspan="2">环节二
标志与中英文简称组合</td><td rowspan="2">(1) 标志与中文简称横排组合；
(2) 标志与中文简称竖排组合；
(3) 标志与中英文简称横排组合；
(4) 标志与中英文简称竖排组合</td><td>具体活动 1：草图设计</td><td rowspan="2">附表 6：草图设计</td></tr>
<tr><td>具体活动 2：电脑绘图</td></tr>
<tr><td rowspan="2">环节三
标志与中英文全称组合</td><td rowspan="2">(1) 标志与中文全称横排组合；
(2) 标志与中文全称竖排组合；
(3) 标志与中英文全称横排组合；
(4) 标志与中英文全称竖排组合
标志与中英文全称（简称）组合</td><td>具体活动 1：草图设计</td><td rowspan="2">附表 6：草图设计</td></tr>
<tr><td>具体活动 2：电脑绘图</td></tr>
<tr><td rowspan="2">环节四
标志与辅助图形组合</td><td rowspan="2">标志与辅助图形组合</td><td>具体活动 1：草图设计</td><td rowspan="2">附表 6：草图设计</td></tr>
<tr><td>具体活动 2：电脑绘图</td></tr>
<tr><td rowspan="2">环节五
标志与多种信息组合</td><td rowspan="2">(1) 标志与中英文标准字体及企业宣传口号、广告语等的组合；
(2) 标志与中英文标准字体及地址、电话号码等资讯的组合</td><td>具体活动 1：草图设计</td><td rowspan="2">附表 6：草图设计</td></tr>
<tr><td>具体活动 2：电脑绘图</td></tr>
<tr><td rowspan="2">环节六
禁止组合</td><td rowspan="2">排列组合、色彩、结构、比例等方面的错误组合
禁止组合</td><td>具体活动 1：草图设计</td><td rowspan="2">附表 6：草图设计</td></tr>
<tr><td>具体活动 2：电脑绘图</td></tr>
</table>

续表

实施环节	活动内容	活动安排	活动记录
环节七 设计方案 PPT	设计方案 PPT： ① PPT 的排版制作； ②文字组织和撰写规范； ③基本要素整体组合的设计排序（文字及图表展示）； ④ 基本要素整体组合设计的正稿的精细制作与规范	具体活动 1：设计方案 PPT 的制作	附表 8：项目汇报
		具体活动 2：展示汇报	

工作活动 4：任务评价与总结

任务评价是过程性的评价，初步的设计思路、小组讨论、阶段设计草图和设计方案的确定及设计展示的过程都囊括在教学评价内容中，着重于核心专业技能和职业岗位能力的评价。

任务评价与总结

一级指标	二级指标	评价内容	分值	自评	互评	教师	客户
工作能力（60 分）	小组协作能力	能够相互传递调研信息，并进行归纳、总结和检验，发现问题，提出问题，解决问题，阐明观点，完成任务	10				
	实践操作能力	标志与中英文简称（全称）组合	10				
		标志与辅助图形组合	5				
		标志与多种信息组合	5				
		禁止组合	10				
	表达能力	能够正确组织和传达任务设计方案	10				
		能够与他人准确沟通基本要素整体组合设计规范各项任务设计方案	10				
作品得分（40 分）	职业岗位能力	创新性、科学性、实用性、严谨性	10				
		能够设计、制作出精准的、符合企业实际需求的基本要素整体组合设计规范项目	10				
		客户满意度	20				
总结							

项目四

VI 设计的展开
——应用要素设计与制作

4.1 工作任务导入

项目四 工作任务书

<table>
<tr><td>项目名称</td><td colspan="3">应用要素设计与制作</td></tr>
<tr><td>实训场地</td><td colspan="3">校内实训室</td></tr>
<tr><td>项目内容</td><td colspan="3">工作任务 1 企业内部事务识别系统
工作任务 2 企业环境识别系统
工作任务 3 包装识别系统
工作任务 4 媒体广告设计系统
工作任务 5 新媒体广告设计系统</td></tr>
<tr><td>学习目标</td><td colspan="3">知识目标：
1. 熟知 VI 应用系统的各设计要素。
2. 了解 VI 设计体系中的企业内部事务识别系统、企业环境识别系统、包装识别系统、媒体广告设计系统、新媒体广告系统等应用的功能和作用。
3. 能够进行企业内部事务识别系统、企业环境识别系统、包装识别系统、媒体广告设计系统、新媒体广告系统等 VI 应用部分的策划与设计。
能力目标：
1. 掌握企业形象设计的统一策划与应用推广的技能。
2. 熟练运用现代设计方法对企业视觉形象系统的应用部分进行系统化的设计。
3. 能够结合基本要素部分共同形成一个严谨完整的企业视觉识别系统。
素质目标：
1. 培养从客户需求出发的设计思维。
2. 培养善沟通、能协作、高标准、重创意的专业素质。
3. 培养精益求精的工匠精神</td></tr>
<tr><td rowspan="5">工作任务</td><td colspan="3">1. 任务形式：根据前述项目中设计的基础要素，按照设计的工作流程（工作环节），完成各个应用要素的设计，并且能用现代设计方法，根据企业经营理念与发展需求，设计一套完整的企业视觉识别系统。
2. 任务要求：(1) 划分工作小组，分工协作；(2) 每人填写一张工作表格；(3) 完成设计项目清单的制作。
3. 建议学时：20</td></tr>
<tr><td>任务</td><td>内容</td><td>学时</td></tr>
<tr><td rowspan="3">工作任务 1：企业内部事务识别系统</td><td>01 办公系统设计</td><td rowspan="3">4</td></tr>
<tr><td>02 交通运输系统设计</td></tr>
<tr><td>03 服饰系统设计</td></tr>
</table>

续表

	任务	内容	学时
工作任务	工作任务 2:企业环境识别系统	01 办公环境识别设计	4
		02 销售店面识别设计	
		03 环境导向识别设计	
	工作任务 3:包装识别系统	01 礼品系列包装设计	4
		02 包装识别项目设计	
	工作任务 4:媒体广告设计系统	01 现代媒体广告规范	4
		02 自媒体广告规范	
	工作任务 5:新媒体广告设计系统	01 Web 端媒体广告应用规范	4
		02 移动端媒体广告应用规范	

4.2 小组分工与协作

课前:请同学们分组协作完成工作任务,并在下面的表格中填写每个小组的任务分工和专业成长记录。

每个小组有 2～4 人。

班级		组名		指导老师
组长		学号		
组员	姓名	学号	姓名	学号
小组任务分工:				
专业成长记录:				

4.3 知识导入

问题 1：办公系统的规范设计能带来什么好处？
问题 2：什么是导视系统？
问题 3：包装识别系统在品牌形象建立中起到什么作用？
图 4-1 所示为 VI 设计应用要素构成示意图。

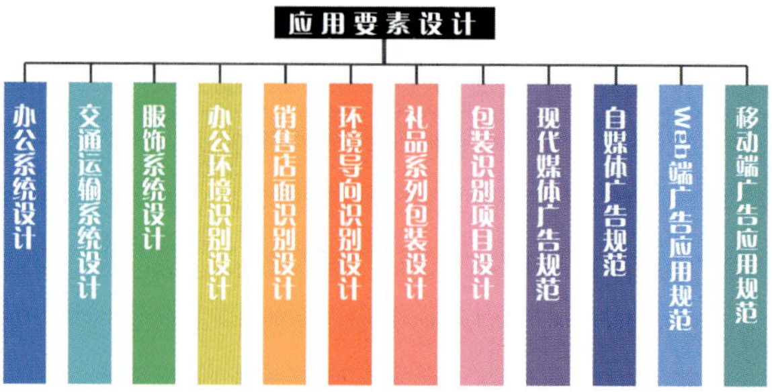

图 4-1　VI 设计应用要素构成示意图

4.4 知识储备

4.4.1　企业内部事务识别系统

企业内部事务识别系统涵盖了办公系统设计、交通运输系统设计和服饰系统设计等多个方面。

一、办公系统设计

在 VI 应用系统中，办公系统占据着举足轻重的地位，它是任何行业都不可或缺的一部分。其包括但不限于展示个人身份的名片、用于企业内部沟通的便签、对外交流的信签和信封、传真纸、企业合同的统一格式、文件袋、工作证、企业徽章等。企业办公系统用品繁多且复杂，构成了一个庞大的体系。对办公系统进行规范化设计，有助于企业树立独特而统一的视觉形象。同时，考虑到办公用品消耗量大，实施统一的规范模式不仅有助于降低制作成本，还能提升企业内部管理的便捷性和规范性。

办公用品上的信息内容通常包括企业（机构）的全称、地址、联系电话、网址以及电子邮箱等；形象要素则涵盖企业（机构）的标志、标准字、辅助图形以及体现品牌精神内涵的广告语。这些要素并非必须同时出现，而是根据媒介载体的实际情况，有选择地展示所需的信息内容和形象要素。

常用的企业办公用品包括名片、信封、信签、便笺、传真纸、工作证、文件夹、公文袋、资料袋、请柬、介绍信、备忘录、表单、账票、职位牌、合同书规范格式、企业徽章、财务报表等（图4-2）。设计师在设计办公用品时，应充分考虑不同行业的特征以及企业的实际需求，避免盲目遵循固定的规定或模式，确保设计的实际价值和效用。

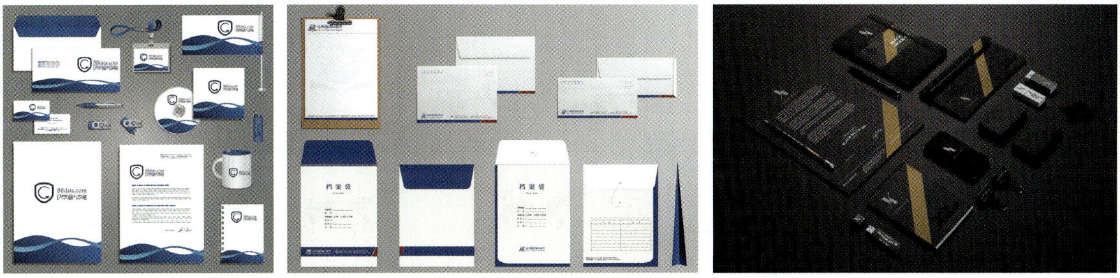

图 4-2　常用的企业办公用品

二、交通运输系统设计

交通运输系统设计致力于塑造企业所需的各类交通工具的外观形象。这一设计不仅具有显著的流动性，能够广泛传播企业形象，更是宣传企业形象识别系统的关键组成部分，对企业形象的宣传产生深远影响。设计内容涵盖了企业名称、标志、标准字、标准色、企业造型、辅助图形、产品图片、公司电话等关键信息。

设计尺寸需根据交通工具的体量和具体设计要求来精准确定，制作方法则涵盖张贴、喷绘、绘画等多种形式。交通运输系统设计涵盖多个类别，包括小轿车、面包车、运输货车、集装箱运输车、交通车等的外观设计，以及某些特殊行业的交通工具设计。

如图 4-3 所示，交通运输系统设计巧妙地融合了企业标志、标准色彩和辅助图形，与交通工具的外形结构相得益彰，有效提升了企业品牌形象，并出色地发挥了广告宣传作用。

图 4-3　云南文山铝都物流

三、服饰系统设计

服饰系统设计专注于规范员工在工作中所穿着的各类服装及配饰，旨在明确区分不同工作范围、性质和特色，并为各岗位设计合适的着装。在 VI 设计中，服饰系统的重要性不言而喻：它不仅能够激发员工的工作热情，提升员工对企业的归属感，同时也是塑造公司形象的重要手段。

服饰系统设计需根据季节变化设计春秋装、夏装、冬装，并根据职位的不同进行分类，如管理人员服装、普通员工服装、迎宾服和保安人员服装等。具体类别包括管理层男员工制服、衬衫、领带及领带夹、胸牌等；管理层女员工制服、裙装、领花及胸牌等；非管理层男（女）员工制服与配饰；礼仪接待服饰、绶带与配饰等；店员制服及胸牌、配饰等；保安人员制服及胸牌、配饰等；T恤衫、鞋帽、手套等。

在服装设计过程中，款式、面料和色彩是三个核心要素。设计师需确保款式和面料的选择与企业属性和经营理念相契合，并与企业文化相融合。同时，应将企业标志和其他基本元素巧妙地设计在服装的合适位置，色彩选择则应以企业标准色和辅助色为主，以营造统一而协调的视觉效果（图 4–4）。

图 4–4　菜菜公社生鲜连锁品牌员工服装

4.4.2　企业环境识别系统

在 VI 设计中，企业环境识别系统是一项庞大而复杂的系统，它涵盖了企业所需使用的各种环境空间的形象识别设计。这一系统主要涵盖办公环境识别设计、销售店面识别设计以及环境导向识别设计三个关键方面。通过这一系统的构建，企业可以全方位地树立良好的形象。因此，在设计过程中，我们需要在统一的识别形象下，根据不同的功能和作用进行细致的区分。

一、办公环境识别设计

办公环境识别设计旨在提高工作效率，确保部门之间沟通顺畅，并便于外部人员迅速融入企业环境。在设计过程中，整体风格应遵循品牌理念，准确反映企业的规范和执行标准。同时，我们需充分考虑办公室员工的感受，以简洁、大方、清晰为设计的基本原则。办公环境识别设计主要包括公司机构平面图、企业大门识别形象、接待台及背景板、管理层办公室背景板、门窗识别图形、办公室及会客间背景板及看板、布告栏、走廊设计以及国旗和企业各类旗帜及旗座设计等（图 4–5、图 4–6）。

二、销售店面识别设计

销售店面识别设计主要涉及不同类型销售店面的外观及基本室内环境设计，包括导购流程图版式规范、店内背景板、展台与货架及配件柜、各型灯箱以及垃圾筒等。这些设计元素共同构成了销售店面的整体形象，有助于提升品牌形象和吸引顾客（图 4–7）。

企业大门识别形象　前台接待　背景墙及腰条

公告栏　桌旗　公司旗帜　竖立挂旗

图 4-5　办公环境识别设计

图 4-6　铭牌规范设计

图 4-7　菜菜公社生鲜连锁品牌销售店面识别设计

三、环境导向识别设计

环境导向识别设计是基于人的空间认知进行的空间信息设计，旨在帮助人们顺利地从 A 地到达 B 地。它在办公楼、写字楼、商业环境以及住宅小区等场景中都有广泛应用。好的导向设计不仅要有清晰的风格和易于区分的特性，更重要的是要与区域环境风格相融合，形成系统的设计风格。环境导向识别设计的方式多样，包括坐地式、吊牌式、壁牌式、台阶式、地面式等，制作材料则涵盖铜、铝、不锈钢、镀锌块、胶板、有机板、亚克力、玻璃等多种材料（图 4–8）。环境导向识别设计的项目内容如表 4–1 所示。

表 4–1　环境导向识别设计的项目内容

序号	项目	内容
1	企业名称	企业名称指企业品牌中、英文全称
2	企业标志	企业标志是企业有关的 VI 基础要素设计部分的标准运用
3	道路指引标识	道路指引标识是指从外部环境进入内部环境的指引以及内部环境道路名称的标识
4	道路分流标识	道路分流标识是指环境内设置于主干路口、道路交汇处，用于指示往不同目的地地址名、楼宇名称的标识
5	服务设施标识	服务设施标识指指向置换室、停车场、收费处、便利店等的标识
6	户外总平面图	户外总平面图指用作全部环境范围内的平面布局指引的指示图，通常用线式或色块式表现
7	户外形象标识	户外形象标识是单独用于建筑外主干墙上的标识，可传递文化信息
8	楼宇名称标识	楼宇名称标识用于指示不同的楼宇名称
9	楼层总索引	楼层总索引用于标识所处的楼宇，可据此查找出大部分服务区域名称、设施，一般设置于大堂
10	各楼层索引	各楼层索引主要用来标识所处当前楼层，供来客查找服务区域名称
11	大厅、长廊标识	大厅、长廊标识主要用来显示当前所处区域功能、名称以及简明目的地
12	公共服务设施标识	公共服务设施标识用来指向洗手间、电话间、开水间、吸烟区、消防通道、商务中心、会议室等
13	出入口导引	出入口导引是指某一出入口通往不同名称的功能科室或区间，设于该出入口处的简易索引

图 4–8　环境导向识别设计

4.4.3 包装识别系统

在 VI 设计中，产品包装作为传递企业和产品信息的关键媒介，具有不可替代的作用。优质的包装不仅有助于树立企业品牌的良好声誉，更能准确传达品牌理念，从而有效提升、塑造和传播企业形象。产品包装分为容器包装和商品外包装等，如表 4–2 所示。

表 4–2 产品包装的分类

产品包装	容器包装	瓶、罐、盒、袋等
	商品外包装	销售包装
		运输包装

VI 设计中所涵盖的产品包装项目因企业性质的不同而各有差异。例如，酒店行业可能涉及一次性洗漱用品的包装设计；服装行业的产品包装项目则包括衣领标签、洗涤标签、防尘袋以及衬衫标签等。

不论设计哪一种包装，我们都应确保将视觉识别的基本要素巧妙地融入其中，以确保整体视觉效果与企业的整体形象保持高度一致，从而实现品牌形象的统一与和谐（图 4–9）。

图 4–9 Austeria 葡萄酒品牌的包装设计

包装识别系统涵盖了礼品系列包装设计和包装识别项目设计等两个方面，如表 4–3 所示。

表 4–3 包装识别系统

礼品系列包装设计	包装识别项目设计
单体包装、礼盒手提袋、便携式包装、礼品盒、礼品系列包装组合等（图 4–10、图 4–11）	组合包装、包装品牌和标签、单个包装、包装说明书、手提袋、售后服务以及各类主题卡、包装纸、合格证、运输包装盒

图 4–10 当阳郭场鸡品牌包装设计

图 4–11 MeO 化妆品品牌包装设计

4.4.4 媒体广告设计系统

传统媒体广告设计系统涵盖了众多项目，诸如电视广告、宣传册、POP 广告、内部刊物、网页以及招贴等。这些项目所承载的内容和信息量庞大，且往往具有即时性和动态性特点，因此无法为其设计完整的应用内容。在 VI 设计中，设计师通常以模板形式进行设计，仅规定其样式，以便在后续的具体广告活动中逐步丰富和完善内容。

一、现代媒体广告规范

现代传媒形式多样，覆盖面广泛，包括但不限于大型路牌、公交车体、灯箱、候车亭广告、广告塔、户外墙体广告、路灯项目旗帜以及各类大型活动等（图 4–12）。为了确保广告信息的准确传达和品牌形象的一致性，我们需要对这些现代媒体广告进行规范设计。

图 4–12　现代媒体广告

二、自媒体广告规范

自媒体广告同样具有多样化的形式和广泛的覆盖面，包括企业宣传册、挂历、氢气球广告、伞、赠品广告、礼品袋、包装物广告、企业广告旗以及企业形象海报等（图 4–13）。为了有效传达企业形象和品牌信息，我们需要对这些自媒体广告进行规范设计，确保它们在视觉上保持统一和协调。

图 4–13　自媒体广告

4.4.5 新媒体广告设计系统

新媒体亦称为数字媒体，依托互联网技术，展现出丰富多样的形式和创造力。随着互联网的迅猛发展，新媒体以其多样化的形式、强大的传播功能及相对较低的成本，显著超越了传统媒体广告。除了互联网，新媒体还涵盖了许多个性化、创意十足的媒体形式，如移动终端、电梯屏幕、线下销售终端等。作为新型的广告媒介，数字媒体具有易更改、更新迅速的特点，不受时间限制，且成本效益远超其他媒体，如网络媒体、移动媒体、互动新媒体等。

互联网的飞速进步使得新媒体从边缘逐渐走向主流，微博、微信、腾讯 QQ 等新媒体平台的崛起，预示着新媒体时代的全面到来。

新媒体具备强大的信息承载能力、迅捷的信息传播速度和广泛的信息受众。在清晰度、成像效果、动态展示及音频表现等方面，新媒体均展现出显著优势。同时，图像拍摄技术的智能化和便捷性降低了生产成本，提升了合成生产的效率，进一步凸显了新媒体的独特价值。

新媒体充满现代感，擅长在特定时间段内创造新颖内容，展现其在形式和理念上的创新性。其广告形式包括商业楼宇视频、商店终端视频、户外大型 LED 彩色屏幕、移动广告、互联网广告、商业 DM、数据库营销等，这些形式共同构成了新媒体广告的丰富生态（图 4–14）。

图 4–14　新媒体广告设计

一、Web 端媒体广告应用规范

Web 端媒体广告应用规范如表 4–4 所示。图 4–15 所示为部分 Web 端媒体广告示例。

表 4–4　Web 端媒体广告应用规范

序号	项目	内容
1	网站界面设计基础	深入掌握网络设计的基本流程与规范，全面了解设计概念在网络设计中的应用与实践
2	风格与多类型界面设计	精通各类企业品牌网页的风格和界面设计技巧，以满足不同视觉设计需求，实现设计目标
3	网站宣传品设计	涵盖 Banner 美术字设计、特效美术字设计以及 Banner 广告制作，提升网站宣传品的创意与美感，增强宣传效果
4	电商专题与产品界面设计	深入理解网络专题界面设计的特点与原则，结合电商平台详情页与活动页设计实践，掌握 SEO 技巧与电商运营中的用户心理与营销策略
5	Web 交互设计应用程序	熟练掌握 HTML 结构设计与交互设计的关联，灵活运用 JavaScript 与 jQuery 实现高效且富有创意的网页交互效果
6	网页样式与布局设计	深入剖析网页结构，明确切片与网页结构间的逻辑关系，精通符合 W3C 标准的 HTML 网页框架制作技术，利用 CSS 美化网页细节，同时关注浏览器的兼容性与解析特点
7	HTML5 响应式设计	精通 HTML5 与 CSS 的基本应用，掌握响应式设计的核心方法，打造适应不同设备的优质网页交互体验，提升网站的可用性与用户满意度

图 4-15　部分 Web 端媒体广告示例

二、移动端媒体广告应用规范

移动端媒体广告应用规范如表 4-5 所示。图 4-16 所示为部分移动端媒体广告示例。

表 4-5　移动端媒体广告应用规范

序号	项目	内容
1	移动平台图标设计	涵盖剪影、扁平、拟真、卡通、复古、手工、印章及做旧等多种风格的图标设计
2	苹果移动平台界面设计	熟练掌握包括 iPad 平台在内的 App 全套设计流程，特别关注理财类 App 应用产品的设计要点
3	安卓移动平台界面设计	深入理解 Android 平台的设计风格、流行趋势及特征，熟练进行切图规范操作；精通 App 设计的整套流程，包括拓扑图、原型图、界面设计图与 GUI 等；对 iOS 平台上的布局规范、交互体验细节及产品属性设计有一定了解
4	移动 UI 深入设计	深入研究 iOS 和 Android 平台上的布局规范、交互体验细节及产品属性设计，提升设计水平
5	可穿戴设备设计	专注于系统设备的设计规划与特点分析，掌握基本应用的设计原理，以及 jQuery 特效的设计与实现技巧
6	网页样式与布局设计	深入理解网页结构，掌握切片与网页结构间的逻辑关系；学习并应用符合 W3C 标准的 HTML 网页框架制作技术，包括结构标签、表格、表单等；熟练运用 CSS 进行网页样式设计，美化网页细节；了解浏览器的基本发展状况和解析特点
7	HTML5 响应式设计	熟练掌握 HTML5 与 CSS 的基本应用，精通响应式设计的实现方法；能够设计并优化手机、电脑、平板等不同设备的页面交互体验

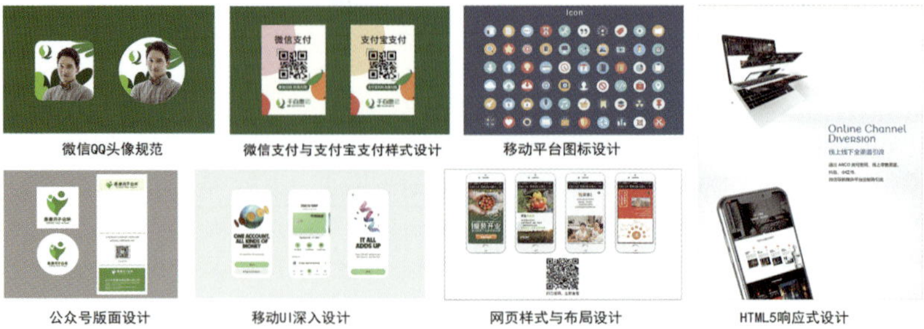

图 4-16　部分移动端媒体广告示例

4.5 项目范例

案例欣赏一：新皇朝大酒店 VI 应用识别系统（图 4–17）

新皇朝大酒店
VI 应用识别系统

图 4–17　新皇朝大酒店 VI 应用识别系统

案例欣赏二：菜菜公社生鲜连锁品牌 VI 应用识别系统（图 4–18）

菜菜公社生鲜连锁品牌 VI 应用识别系统

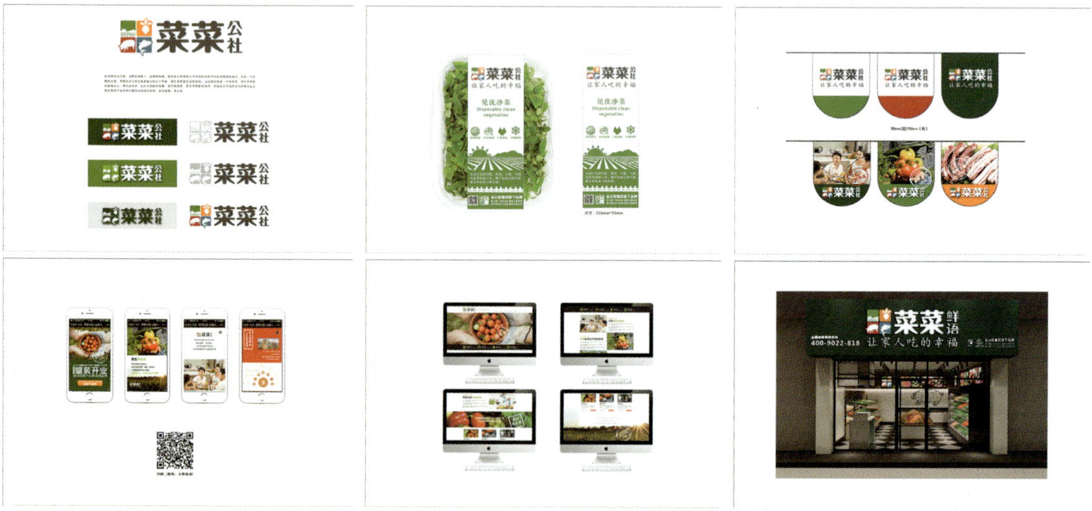

图 4–18　菜菜公社生鲜连锁品牌 VI 应用识别系统

案例欣赏三：成都创世食安科技有限公司 VI 应用识别系统（图 4–19）

成都创世食安科技有限公司 VI 应用识别系统

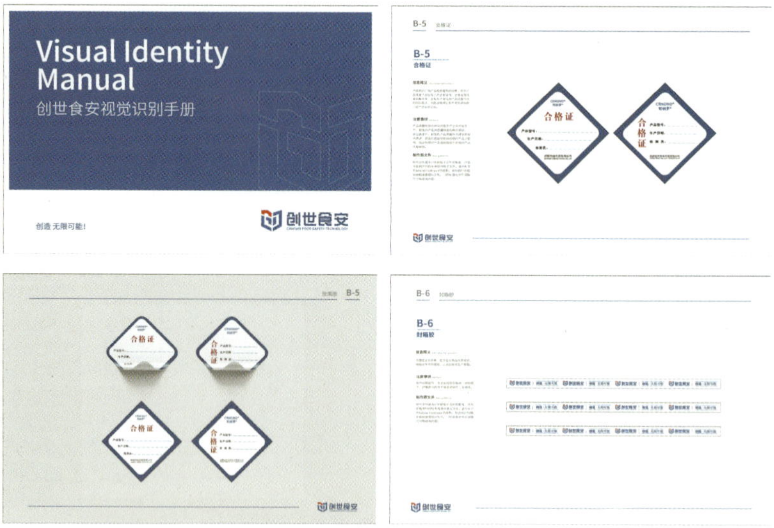

图 4–19　成都创世食安科技有限公司 VI 应用识别系统

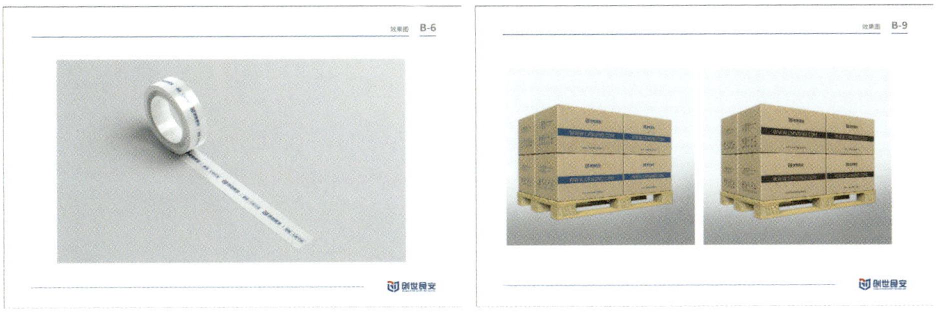

续图 4-19

案例欣赏四：悠悠花店 VI 应用识别系统（图 4-20）

悠悠花店 VI 应用识别系统

图 4-20　悠悠花店 VI 应用识别系统

4.6 工作任务实施

工作任务 1 企业内部事务识别系统

工作任务描述

根据前述项目中完成的基本要素任务方案，按照设计的工作流程（工作环节），完成企业内部事务识别系统的规范设计。企业内部事务识别系统涵盖了办公系统设计、交通运输系统设计和服饰系统设计等几个方面。

任务目标

知识目标：

(1) 熟知企业内部事务识别系统的各设计内容。

(2) 掌握企业内部事务识别系统中的办公系统设计、交通运输系统设计和服饰系统设计等应用的功能和作用。

(3) 能够进行办公系统设计、交通运输系统设计和服饰系统设计。

能力目标：

(1) 能按照项目要求对企业内部事务识别系统进行方案设计。

(2) 能完成办公系统、交通运输系统和服饰系统的设计。

素质目标：

(1) 具备市场调查能力、语言表达能力和团队协作能力。

(2) 熟练掌握多项软件技术，具备丰富的企业内部事务识别系统制作知识，精通 VI 设计行业的技术标准。

思想提升

《礼记 · 大学》中说："苟日新，日日新，又日新。" 结合本次任务活动，请谈一谈在任务确认的过程中需要考虑哪些要素。

建议学时

4 学时

工作流程与活动

工作活动 1：任务确立

工作活动 2：任务制定

工作活动 3：任务实施

工作活动 4：任务评价与总结

工作活动 1：任务确立

引导问题

问题 1：办公系统的规范设计能为企业带来什么好处？

问题 2：服饰系统包括哪些设计项目？了解每个设计项目的具体内容(特点、方法、要求等)。

工作任务确立

(1) 企业内部事务识别系统的任务清单。

①办公系统设计：

☐ 名片　☐ 便签　☐ 工作证　☐ 胸卡

☐ 信纸　☐ 文件夹　☐ 徽章　☐ 台牌

☐ 信封　☐ 档案袋　☐ 工号牌

②交通运输系统设计：

☐ 轿车　☐ 面包车　☐ 货车

③服饰系统设计：

☐ 管理人员服装(男装)　☐ 店面职员制服(男 / 女)　☐ 文化衫(T 恤)

☐ 管理人员服装(女装)　☐ 饰物

☐ 生产职员制服(男 / 女)　☐ 工作马甲

(2) 设计周期：________天。

(3) 任务报价：________元。

工作活动 2：任务制定

工作任务描述

根据任务清单勾选的内容，完成企业内部事务识别系统的各项任务内容。

活动流程

<table>
<tr><th>环节</th><th>任务内容</th><th>时间进度</th><th>负责人</th><th>注意事项及要求</th></tr>
<tr><td>环节一</td><td>学习 4.4 节“知识储备”下 4.4.1 小节“企业内部事务识别系统”中的知识点</td><td></td><td></td><td rowspan="5">1. 确定设计主题：指导老师给学生发放“任务清单”，学生完成“任务清单”的填写，确定小组成员任务分工、工作流程、时间节点等。
2. 设计实训：通过前期设计的标志项目，设计制作企业内部事务识别系统。
3. 方案修正：指导老师及企业主管人员与学生交流讨论，打磨和优化企业内部事务识别系统，指导最后方案的修改和修正，并进行综合评分</td></tr>
<tr><td>环节二</td><td>与客户沟通“企业内部事务识别系统任务清单”的工作内容</td><td></td><td></td></tr>
<tr><td>环节三</td><td>办公系统设计的规范制作</td><td></td><td></td></tr>
<tr><td>环节四</td><td>交通运输系统设计的规范制作</td><td></td><td></td></tr>
<tr><td>环节五</td><td>服饰系统设计的规范制作</td><td></td><td></td></tr>
</table>

工作活动 3：任务实施

活动思考

问题：根据项目二选定的标志方案，在设定好企业内部事务识别系统设计任务内容后，下一步我们要做什么呢？

活动实施

实施环节	活动内容	活动安排	活动记录
环节一 设计准备	学习 4.4 节“知识储备”下 4.4.1 小节“企业内部事务识别系统”中的知识点	完成“企业内部事务识别系统任务清单”（简称“任务清单”，下同）的勾选工作	附表 1：学习笔记 附表 2：任务分配表
环节二 办公系统设计（一）	扫描二维码，学习知识点 名片 信封＋信纸＋便签＋传真纸 票据夹＋文件夹＋合同夹＋档案盒	设计完成“任务清单”内相应的任务	
环节三 办公系统设计（二）	扫描二维码，学习知识点 文件袋＋档案袋＋工作证＋贵宾卡等 工作记事簿、签约本、备忘录、电话记录本、产品说明书封面、内页版式	设计完成“任务清单”内相应的任务	
环节四 办公系统设计（三）	扫描二维码，学习知识点 办公文具、聘书、名片台、办公桌标志牌 企业徽章、纸杯、杯垫	设计完成“任务清单”内相应的任务	

续表

实施环节	活动内容	活动安排	活动记录
环节五 交通运输系统设计	扫描二维码，学习知识点 交通运输系统设计	设计完成“任务清单”内相应的任务	
环节六 服饰系统设计	扫描二维码，学习知识点 服饰系统设计	设计完成“任务清单”内相应的任务	

工作活动 4：任务评价与总结

任务评价是过程性的评价，初步的设计思路、小组讨论、阶段设计草图和设计方案的确定及设计展示的过程都囊括在教学评价内容中，着重于核心专业技能和职业岗位能力的评价。

任务评价与总结

一级指标	二级指标	评价内容	分值	自评	互评	教师	客户
工作能力（60 分）	小组协作能力	能够相互传递调研信息，并进行归纳、总结和检验，发现问题，提出问题，解决问题，阐明观点，完成任务	10				
	实践操作能力	办公系统设计的规范制作能力	10				
		交通运输系统设计的规范制作能力	10				
		服饰系统设计的规范制作能力	10				
	表达能力	能够正确组织和传达任务设计方案	10				
		能够与他人准确沟通企业内部事务识别系统各项任务设计方案	10				
作品得分（40 分）	职业岗位能力	创新性、科学性、实用性、严谨性	10				
		能够设计、制作出精准的、符合企业实际需求的企业内部事务识别系统	10				
		客户满意度	20				
总结							

工作任务 2　企业环境识别系统

工作任务描述

企业环境识别系统涵盖了办公环境识别设计、销售店面识别设计和环境导向识别设计等多个方面。

任务目标

知识目标：

(1) 熟知企业环境识别系统的各设计内容。

(2) 掌握企业环境识别系统中的办公环境识别设计、销售店面识别设计和环境导向识别设计等应用的功能和作用。

(3) 能够进行办公环境识别设计、销售店面识别设计和环境导向识别设计。

能力目标：

(1) 能按照项目要求对企业环境识别系统进行方案设计。

(2) 能完成办公环境识别设计、销售店面识别设计和环境导向识别设计。

素质目标：

(1) 具备良好的 VI 设计专业素养和忠诚的职业精神。

(2) 熟练掌握多项软件技术，具备丰富的企业环境识别系统制作知识，精通 VI 设计行业的技术标准。

思想提升

"道德仁义，非礼不成。教训正俗，非礼不备。分争辨讼，非礼不决。" 如何理解这句话与本次工作活动的关联，请谈一谈你的看法。

建议学时

4 学时

工作流程与活动

工作活动 1：任务确立

工作活动 2：任务制定

工作活动 3：任务实施

工作活动 4：任务评价与总结

工作活动 1：任务确立

引导问题

问题：企业环境识别系统包括哪些设计项目？了解每个设计项目的具体内容（特点、方法、要求等）。

工作任务确立

(1) 企业环境识别系统任务清单。

①办公环境识别设计：

□ 机构平面图　□ 门窗识别图形　□ 道旗
□ 企业大门识别形象　□ 公告栏形象　□ 桌旗
□ 楼宇名称标识　□ 部门标示牌规范　□ 司旗
□ 接待台及背景板设计　□ 企业的地面、墙面设计　□ 吊旗

②销售店面识别设计：

□ 店面招牌(横)　□ 店内展台　□ 店内外各型灯箱
□ 店面招牌(竖)　□货架及配件柜　□ 店内前台及背景墙

③环境导向识别设计：

□ 道路指引标识　□ 户外形象标识
□ 道路分流标识　□ 楼层总索引
□ 公共服务设施标识　□ 各楼层索引

(2) 设计周期：________天。

(3) 任务报价：________元。

工作活动 2：任务制定

工作任务描述

根据任务清单勾选的内容，完成企业环境识别系统的各项任务内容。

活动流程

环节	任务内容	时间进度	负责人	注意事项及要求
环节一	学习 4.4 节“知识储备”下 4.4.2 小节“企业环境识别系统”中的知识点			1. 确定设计主题：指导老师给学生发放“任务清单”，学生完成“任务清单”的填写，确定小组成员任务分工、工作流程、时间节点等。 2. 设计实训：通过前期设计的标志项目，设计制作企业环境识别系统。 3. 方案修正：指导老师及企业主管人员与学生交流讨论，打磨和优化企业环境识别系统，指导最后方案的修改和修正，并进行综合评分
环节二	与客户沟通“企业环境识别系统任务清单”的工作内容			
环节三	办公环境识别设计			
环节四	销售店面识别设计			
环节五	环境导向识别设计			

工作活动 3：任务实施

活动思考

问题：根据项目二选定的标志方案，在设定好企业环境识别系统设计任务内容后，下一步我们要做什么呢？

活动实施

实施环节	活动内容	活动安排	活动记录
环节一 设计准备	学习 4.4 节“知识储备”下 4.4.2 小节“企业环境识别系统”中的知识点	完成“企业环境识别系统任务清单”的勾选工作	附表 1:学习笔记
环节二 办公环境识别设计(一)	扫描二维码,学习知识点 企业大门外观、楼宇名称标识、公司名称标识牌、公司机构平面图 门窗识别图形、接待台及背景板、公告栏、活动式招牌	设计完成“任务清单”内相应的任务	
环节三 办公环境识别设计(二)	扫描二维码,学习知识点 旗帜 部门标示牌	设计完成“任务清单”内相应的任务	

续表

实施环节	活动内容	活动安排	活动记录
环节四 销售店面识别设计	扫描二维码，学习知识点 销售店面识别设计	设计完成“任务清单”内相应的任务	
环节五 环境导向识别设计(一)	扫描二维码，学习知识点 办公导示系统 （办公区＋车间区）	设计完成“任务清单”内相应的任务	
环节六 环境导向识别设计(二)	扫描二维码，学习知识点 环境导向识别设计	设计完成“任务清单”内相应的任务	

工作活动 4：任务评价与总结

任务评价是过程性的评价，初步的设计思路、小组讨论、阶段设计草图和设计方案的确定及设计展示的过程都囊括在教学评价内容中，着重于核心专业技能和职业岗位能力的评价。

任务评价与总结

一级指标	二级指标	评价内容	分值	自评	互评	教师	客户
工作能力（60分）	小组协作能力	能够相互传递调研信息，并进行归纳、总结和检验，发现问题，提出问题，解决问题，阐明观点，完成任务	10				
	实践操作能力	办公环境识别设计的规范制作能力	10				
		销售店面识别设计的规范制作能力	10				
		环境导向识别设计的规范制作能力	10				
	表达能力	能够正确组织和传达任务设计方案	10				
		能够与他人准确沟通企业环境识别系统各项任务设计方案	10				
作品得分（40分）	职业岗位能力	创新性、科学性、实用性、严谨性	10				
		能够设计、制作出精准的、符合企业实际需求的企业环境识别系统	10				
		客户满意度	20				
总结							

工作任务3　包装识别系统

工作任务描述

包装识别系统涵盖了礼品系列包装设计和包装识别项目设计两个方面。

任务目标

知识目标：

(1) 熟知包装识别系统的各设计内容。

(2) 掌握包装识别系统中的礼品系列包装设计和包装识别项目设计等应用的功能和作用。

(3) 能够进行礼品系列包装设计和包装识别项目设计。

能力目标：

(1) 能按照项目要求对包装识别系统进行方案设计。

(2) 能完成礼品系列包装设计和包装识别项目设计。

素质目标：

(1) 具备守正创新的从业理念。

(2) 熟练掌握多项软件技术，具备丰富的包装识别系统制作知识，精通 VI 设计行业的技术标准。

思想提升

“图难于其易，为大于其细。天下难事，必作于易；天下大事，必作于细。”结合本次工作任务，请谈一谈在任务确立过程中需要注意哪些细节。

建议学时

4 学时

工作流程与活动

工作活动 1：任务确立

工作活动 2：任务制定

工作活动 3：任务实施

工作活动 4：任务评价与总结

工作活动 1：任务确立

引导问题

问题 1：包装识别系统设计项目的具体内容有哪些？

问题 2：在 VI 设计中，产品包装是________企业和产品信息的另一个重要媒介。良好的包装可以为企业品牌树立________，传递正确的________，可以提升、塑造和传播企业形象。

工作任务确立

(1) 包装识别系统任务清单。

①礼品系列包装设计：

□ 单体包装	□ 礼品盒	□ 礼品盒手提袋

②包装识别项目设计：

□ 组合包装	□ 售后服务	□ 运输包装
□ 便携式包装	□ 主题卡	□ 包装封条
□ 包装名牌和标签	□ 合格证	□ 打包胶带
□ 包装说明书	□ 包装纸	□ 手提袋

(2) 设计周期：________天。

(3) 任务报价：________元。

工作活动 2：任务制定

工作任务描述

根据任务清单勾选的内容，完成包装识别系统的各项任务内容。

活动流程

<table>
<tr><th>环节</th><th>工作内容</th><th>时间进度</th><th>负责人</th><th>注意事项及要求</th></tr>
<tr><td>环节一</td><td>学习 4.4 节“知识储备”下 4.4.3 小节“包装识别系统”中的知识点</td><td></td><td></td><td rowspan="4">1. 确定设计主题：指导老师给学生发放“任务清单”，学生完成“任务清单”的填写，确定小组成员任务分工、工作流程、时间节点等。
2. 设计实训：通过前期设计的标志项目，设计制作包装识别系统。
3. 方案修正：指导老师及企业主管人员与学生交流讨论，打磨和优化包装识别系统，指导最后方案的修改和修正，并进行综合评分</td></tr>
<tr><td>环节二</td><td>与客户沟通“包装识别系统任务清单”的工作内容</td><td></td><td></td></tr>
<tr><td>环节三</td><td>礼品系列包装设计</td><td></td><td></td></tr>
<tr><td>环节四</td><td>包装识别项目设计</td><td></td><td></td></tr>
</table>

工作活动 3：任务实施

活动思考

问题 1：根据项目二选定的标志方案，在设定好包装识别系统设计任务内容后，下一步我们要做什么呢？

问题 2：根据所学的包装识别系统项目知识内容，谈谈系列产品包装有哪些内容。

活动实施

实施环节	任务内容	活动安排	活动记录
环节一 设计准备	学习 4.4 节“知识储备”下 4.4.3 小节“包装识别系统”中的知识点	完成“包装识别系统任务清单”的勾选工作	附表 1：学习笔记
环节二 礼品系列包装设计	扫描二维码，学习知识点 包装识别系统	设计完成“任务清单”内相应的任务	
环节三 包装识别项目设计	扫描二维码，学习知识点 包装识别系统	设计完成“任务清单”内相应的任务	

工作活动 4：任务评价与总结

任务评价是过程性的评价，初步的设计思路、小组讨论、阶段设计草图和设计方案的确定及设计展示的过程都囊括在教学评价内容中，着重于核心专业技能和职业岗位能力的评价。

任务评价与总结

<table>
<tr><th>一级指标</th><th>二级指标</th><th>评价内容</th><th>分值</th><th>自评</th><th>互评</th><th>教师</th><th>客户</th></tr>
<tr><td rowspan="5">工作能力
（60 分）</td><td>小组协作能力</td><td>能够相互传递调研信息，并进行归纳、总结和检验，发现问题，提出问题，解决问题，阐明观点，完成任务</td><td>10</td><td></td><td></td><td></td><td></td></tr>
<tr><td rowspan="2">实践操作能力</td><td>礼品系列包装设计的规范制作能力</td><td>15</td><td></td><td></td><td></td><td></td></tr>
<tr><td>包装识别项目设计的规范制作能力</td><td>15</td><td></td><td></td><td></td><td></td></tr>
<tr><td rowspan="2">表达能力</td><td>能够正确组织和传达任务设计方案</td><td>10</td><td></td><td></td><td></td><td></td></tr>
<tr><td>能够与他人准确沟通包装识别系统各项任务设计方案</td><td>10</td><td></td><td></td><td></td><td></td></tr>
<tr><td rowspan="3">作品得分
（40 分）</td><td rowspan="3">职业岗位能力</td><td>创新性、科学性、实用性、严谨性</td><td>10</td><td></td><td></td><td></td><td></td></tr>
<tr><td>能够设计、制作出精准的、符合企业实际需求的包装识别系统</td><td>10</td><td></td><td></td><td></td><td></td></tr>
<tr><td>客户满意度</td><td>20</td><td></td><td></td><td></td><td></td></tr>
<tr><td colspan="2">总结</td><td colspan="6"></td></tr>
</table>

工作任务 4　媒体广告设计系统

工作任务描述

媒体广告设计系统涵盖了现代媒体广告规范和自媒体广告规范两个方面。

任务目标

知识目标：

(1) 熟知媒体广告设计系统的各设计内容。

(2) 掌握媒体广告设计系统中的现代媒体广告规范和自媒体广告规范。

(3) 能够进行现代媒体广告规范和自媒体广告规范的策划与设计。

能力目标：

(1) 能按照项目要求对媒体广告设计系统进行方案设计。

(2) 能完成现代媒体广告规范和自媒体广告规范的设计。

素质目标：

(1) 具备良好的 VI 设计专业素养和忠诚的职业精神。

(2) 熟练掌握多项软件技术，具备丰富的媒体广告设计系统制作知识，精通 VI 设计行业的技术标准。

思想提升

“行之力则知愈进，知之深则行愈达。”从这句话中，我们学到了什么样的敬业精神？如何完成我们的工作任务？

建议学时

4 学时

工作流程与活动

工作活动 1：任务确立
工作活动 2：任务制定
工作活动 3：任务实施
工作活动 4：任务评价与总结

工作活动 1：任务确立

引导问题

问题 1：媒体广告设计系统包括哪些设计项目？

问题 2：谈谈生活中常见的户外广告有哪些。候车亭广告、灯箱广告、户外高架广告（广告塔）、围挡广告、墙体广告等户外广告，在设计上有哪些共同点和差异？

工作任务确立

(1) 媒体广告设计系统任务清单。

①现代媒体广告规范：

□ 路牌广告	□ 围挡广告
□ 灯箱广告	□ 广告塔
□ 候车亭广告	□ 路灯广告
□ 户外墙体广告	□ 平面产品展架标准图

②自媒体广告规范：

□ 企业宣传册	□ 礼品袋	□ 伞
□ 台历挂历	□ 企业广告旗	□ 杯子
□ 氢气球广告	□ 企业形象海报	□ 品牌 PPT

(2) 设计周期：________天。

(3) 任务报价：________元。

工作活动 2：任务制定

工作任务描述

根据任务清单勾选的内容，完成媒体广告设计系统的各项任务内容。

活动流程

环节	任务内容	时间进度	负责人	注意事项及要求
环节一	学习 4.4 节“知识储备”下 4.4.4 小节“媒体广告设计系统”中的知识点			1. 确定设计主题：指导老师给学生发放“任务清单”，学生完成“任务清单”的填写，确定小组成员任务分工、工作流程、时间节点等。 2. 设计实训：通过前期设计的标志项目，设计制作媒体广告设计系统。 3. 方案修正：指导老师及企业主管人员与学生交流讨论，打磨和优化媒体广告设计系统，指导最后方案的修改和修正，并进行综合评分
环节二	与客户沟通“媒体广告设计系统任务清单”的工作内容			
环节三	现代媒体广告规范			
环节四	自媒体广告规范			

工作活动 3：任务实施

活动实施

实施环节	活动内容	活动安排	活动记录
环节一 设计准备	学习 4.4 节“知识储备”下 4.4.4 小节“媒体广告设计系统”中的知识点	完成“媒体广告设计系统任务清单”的勾选工作	附表 1：学习笔记
环节二 现代媒体广告规范	扫描二维码，学习知识点 现代媒体广告规范	设计完成“任务清单”内相应的任务	
环节三 自媒体广告规范	扫描二维码，学习知识点 自媒体广告规范	设计完成“任务清单”内相应的任务	

工作活动 4：任务评价与总结

任务评价是过程性的评价，初步的设计思路、小组讨论、阶段设计草图和设计方案的确定及设计展示的过程都囊括在教学评价内容中，着重于核心专业技能和职业岗位能力的评价。

任务评价与总结

一级指标	二级指标	评价内容	分值	自评	互评	教师	客户
工作能力（60分）	小组协作能力	能够相互传递调研信息，并进行归纳、总结和检验，发现问题，提出问题，解决问题，阐明观点，完成任务	10				
	实践操作能力	现代媒体广告规范制作能力	15				
		自媒体广告规范制作能力	15				
	表达能力	能够正确组织和传达任务设计方案	10				
		能够与他人准确沟通媒体广告设计系统各项任务设计方案	10				
作品得分（40分）	职业岗位能力	创新性、科学性、实用性、严谨性	10				
		能够设计、制作出精准的、符合企业实际需求的媒体广告设计系统	10				
		客户满意度	20				
总结							

工作任务5　新媒体广告设计系统

工作任务描述

新媒体广告设计系统涵盖了Web端媒体广告应用规范和移动端媒体广告应用规范两个方面。

任务目标

知识目标：

(1)熟知新媒体广告设计系统的各设计内容。

(2)了解新媒体广告设计系统中的Web端媒体广告应用规范和移动端媒体广告应用规范。

(3)能够进行Web端媒体广告应用规范和移动端媒体广告应用规范的策划与设计。

能力目标：

(1)能按照项目要求对新媒体广告设计系统进行方案设计。

(2)能完成Web端媒体广告应用规范和移动端媒体广告应用规范的设计。

素质目标：

(1)具备良好的VI设计专业素养和忠诚的职业精神。

⑵ 熟练掌握多项软件技术，具备丰富的新媒体广告设计系统制作知识，精通 VI 设计行业的技术标准。

思想提升

“学而不思则罔，思而不学则殆。”从这句话中，你觉得应该怎样做才能达到客户标准？在确立任务时，主要考虑的因素是什么？

建议学时

4 学时

工作流程与活动

工作活动 1：任务确立
工作活动 2：任务制定
工作活动 3：任务实施
工作活动 4：任务评价与总结

工作活动 1：任务确立

引导问题

问题 1：随着互联网的高速发展，新媒体广告的形式越发多样，其成本与传统广告比有什么优势？

问题 2：新媒体具有强大的信息载体、快速的信息传播速度和广泛的信息受众。那么新媒体包含哪些项目？

工作任务确立

⑴ 新媒体广告设计系统任务清单。

① Web 端媒体广告应用规范：

□ 官网界面设计
□ 企业电脑桌面规范
□ 网页眉头规范
□ 社交网络页面背景规范
□ 电商专题、产品界面设计
□ 邮件样式规范
□ 网站宣传品设计
□ HTML5 响应式设计
□ 网页交互设计应用
□ 网站宣传品设计
□ 鼠标垫设计
□ 网页样式与布局设计

② 移动端媒体广告应用规范：

□ App 应用图标（剪影图标、扁平图标、拟真图标，卡通、复古、手工、印章、做旧等图形设计）

□ 微信、QQ 头像规范
□ 二维码规范
□ 二维码收款牌
□ 公众号版面设计

⑵ 设计周期：________天。

⑶ 任务报价：________元。

工作活动 2：任务制定

工作任务描述

根据任务清单勾选的内容，完成新媒体广告设计系统的各项任务内容。

活动流程

环节	任务内容	时间进度	负责人	注意事项及要求
环节一	学习 4.4 节“知识储备”下 4.4.5 小节“新媒体广告设计系统”中的知识点			1. 确定设计主题：指导老师给学生发放“任务清单”，学生完成“任务清单”的填写，确定小组成员任务分工、工作流程、时间节点等。 2. 设计实训：通过前期设计的标志项目，设计制作新媒体广告系统。 3. 方案修正：指导老师及企业主管人员与学生交流讨论，打磨和优化新媒体广告系统，指导最后方案的修改和修正，并进行综合评分
环节二	与客户沟通“新媒体广告设计系统任务清单”的工作内容			
环节三	Web 端媒体广告应用规范			
环节四	移动端媒体广告应用规范			

工作活动 3：任务实施

活动实施

实施环节	活动内容	活动安排	活动记录
环节一 设计准备	学习 4.4 节“知识储备”下 4.4.5 小节“新媒体广告设计系统”中的知识点	完成“新媒体广告设计系统任务清单”的勾选工作	附表 1：学习笔记
环节二 现代媒体广告规范	扫描二维码，学习知识点 Web 端媒体广告应用规范	设计完成“任务清单”内相应的任务	
环节三 包装识别项目设计	扫描二维码，学习知识点 移动端媒体广告应用规范	设计完成“任务清单”内相应的任务	

工作活动 4：任务评价与总结

任务评价是过程性的评价，初步的设计思路、小组讨论、阶段设计草图和设计方案的确定及设计展示的过程都囊括在教学评价内容中，着重于核心专业技能和职业岗位能力的评价。

任务评价与总结

一级指标	二级指标	评价内容	分值	自评	互评	教师	客户
工作能力（60分）	小组协作能力	能够相互传递调研信息，并进行归纳、总结和检验，发现问题，提出问题，解决问题，阐明观点，完成任务	10				
	实践操作能力	Web 端媒体广告应用规范制作能力	15				
		移动端媒体广告应用规范制作能力	15				
	表达能力	能够正确组织和传达任务设计方案	10				
		能够与他人准确沟通新媒体广告设计系统各项任务设计方案	10				
作品得分（40分）	职业岗位能力	创新性、科学性、实用性、严谨性	10				
		能够设计、制作出精准的、符合企业实际需求的新媒体广告设计系统	10				
		客户满意度	20				
总结							

项目五

企业形象视觉识别归纳与整理——VI 手册的编辑与制作

所有设计要素完成后，应进行集中检查并做适当修正。定稿后，将其汇编成一套实用的 VI 手册，作为企业实施 VI 的范本和标准。自手册发布之日起，各相关单位和部门应严格遵守手册规定的各项规范，不得随意更改，以确保企业形象的完整性和统一性，避免产生误导。

5.1 工作任务导入

项目五 工作任务书

<table>
<tr><td>项目名称</td><td colspan="3">VI 手册的编辑与制作</td></tr>
<tr><td>实训场地</td><td colspan="3">校内实训室、校外实训调研地</td></tr>
<tr><td>项目内容</td><td colspan="3">工作任务 VI 手册的编辑与制作</td></tr>
<tr><td>学习目标</td><td colspan="3">知识目标：
1. 掌握 VI 手册的组成及规范标准。
2. 掌握 VI 手册的设计和制作方法。
能力目标：
1. 具备 VI 手册的整体规划能力。
2. 具备 VI 手册的编辑能力和设计执行能力。
素质目标：
1. 培养从客户需求出发的设计思维。
2. 培养善沟通、能协作、高标准、重创意的专业素质。
3. 培养精益求精的工匠精神</td></tr>
<tr><td rowspan="4">工作任务</td><td colspan="3">1. 任务形式：重点打造 VI 手册的封面设计和内页版式设计，且涉及辅助图形的运用；完成 VI 手册目录、项目编码等任务。
2. 任务要求：(1) 划分工作小组，分工协作；(2) 每人填写一张工作表格；(3) 完成 VI 手册的编辑与制作。
3. 建议学时：8</td></tr>
<tr><td>任务</td><td>内容</td><td>学时</td></tr>
<tr><td rowspan="2">工作任务：VI 手册的编辑与制作</td><td>01 手册外观设计</td><td rowspan="2">8</td></tr>
<tr><td>02 手册内页设计</td></tr>
</table>

5.2 小组分工与协作

课前：请同学们分组协作完成工作任务，并在下面的表格中填写每个小组的任务分工和专业成长记录。

<table>
<tr><td>班级</td><td></td><td>组名</td><td></td><td>指导老师</td></tr>
<tr><td>组长</td><td></td><td>学号</td><td></td><td></td></tr>
<tr><td rowspan="3">组员</td><td>姓名</td><td>学号</td><td>姓名</td><td>学号</td></tr>
<tr><td></td><td></td><td></td><td></td></tr>
<tr><td></td><td></td><td></td><td></td></tr>
<tr><td colspan="5">小组任务分工：</td></tr>
<tr><td colspan="5"></td></tr>
<tr><td colspan="5">专业成长记录：</td></tr>
<tr><td colspan="5"></td></tr>
</table>

5.3 知识导入

问题1：VI手册的内容主要包括哪些？

问题2：VI手册在使用与管理中应注意哪些问题？

5.4 知识储备

5.4.1 VI 手册的编辑形式

由于各企业的性质不同、规模不一，VI 手册的内容侧重就有所不同，相应的编辑形式也不同。VI 手册的编辑形式有以下三种。

一、统一编制

统一编制是指将基本要素系统和应用要素系统合编成一本手册，并以活页式装订，以便于修正、替换或增补。此形式适合项目总数不是很多的中小企业（图 5–1）。

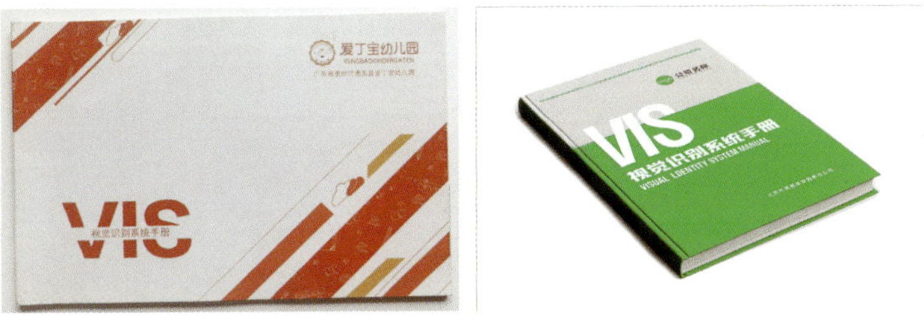

图 5–1 统一编制的 VI 手册

二、分册编制

分册编制是指将基本要素系统和应用要素系统区分开，以活页的形式分编成两册，分别装订，便于使用。

三、分项成册

分项成册主要是指应用要素系统按项目细分编制成册，可将企业内部事务识别系统、企业环境识别系统、包装识别系统、媒体广告设计系统、新媒体广告设计系统等按项目的不同分别编制，独立成册。此形式多用于规模较大的公司、集团等，便于分类管理（图 5–2）。

图 5–2 分项成册的 VI 手册

5.4.2 VI手册的结构体系

每个企业的VI手册都有其独特的规范和要求，没有绝对的标准。但是，手册的设计风格应与企业的视觉形象特征相一致，突出企业自身的特点。在手册的编写过程中，必须统一版式、标准(规范、单位)和风格，避免混淆和影响工作。

VI手册包括两大部分，分别是手册编排装帧设计和手册内部结构组成。

1. 手册编排装帧设计

手册的编排分为外观设计和内页设计。外观设计包括封面、封底和书脊的设计；内页设计包括扉页、前言(序言\导言)、目录页、主题页、正文页等设计编排内容。手册的设计和编排完成后将进入装帧阶段，最后确定印刷和装订方式。手册的版面设计形式、风格要统一，图文大小合适，各组合关系清晰有序，不失美观。手册编排要与企业整体形象呼应，体现形象的一致。

2. 手册内部结构组成

手册内部结构组成包括以下几个部分：

(1) 前言(序言\导言)。前言主要阐述VI手册的制定规范要求和手册的使用指南，版面设计简洁明了，文字表达清晰，易于理解(图5-3)。

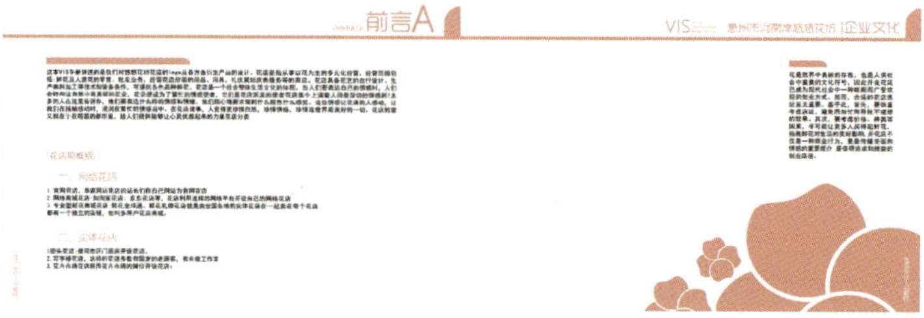

图5-3 前言

(2) 目录页。目录页将手册按项目分类，每一项均附有相应的项目名称和规范要求，确保内容条理清晰、排列有序，使人一目了然(图5-4)。

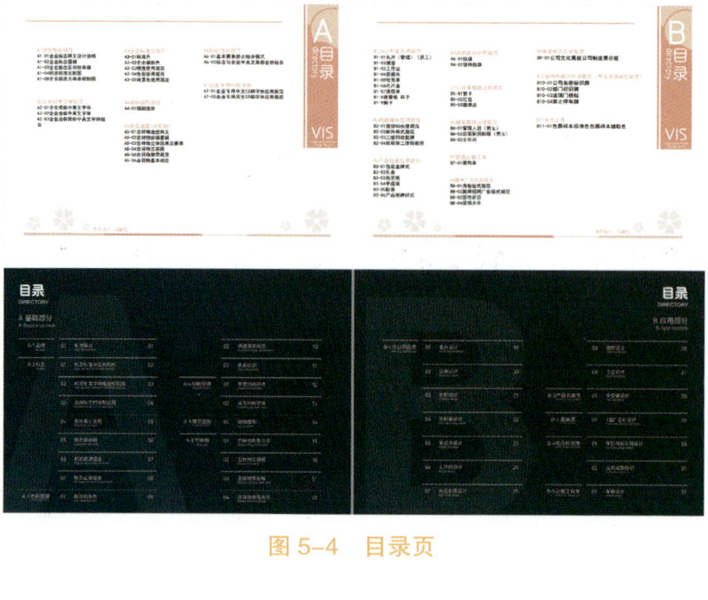

图5-4 目录页

⑶ 主题页。主题页在目录页之后，每项具体规范之前，用以提示后续内容的精华部分。应将目录页中的每一项大标题及规范要求复制到主题页中并适当放大(图 5–5)。

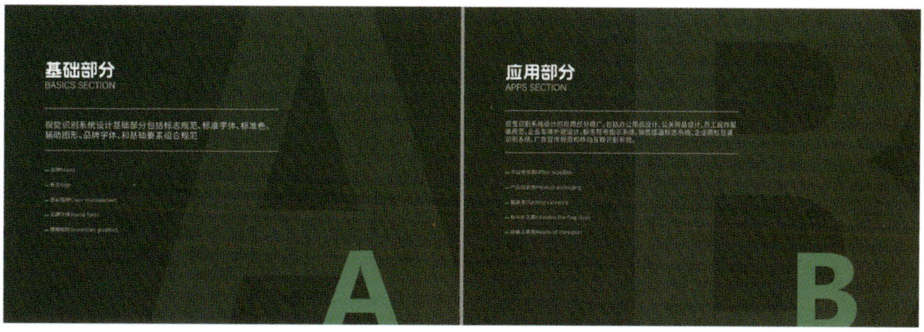

图 5–5 主题页

⑷ 正文页。正文页的制作首先要确定基本版心，也就是版面大小及文字信息最大活动范围，所有正文页都要以基本版心为标准进行制作(图 5–6)。正文版式包含页眉、页码、项目编码、标题、说明文字及具体的 VI 设计项目等元素(图 5–7)。

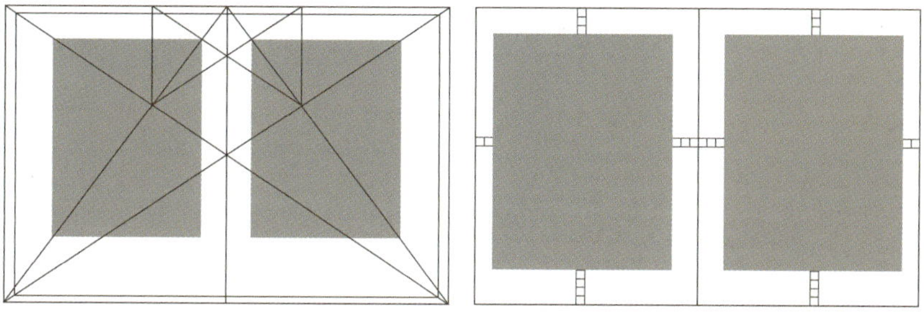

图 5–6 确定基本版心

图 5–7 正文版式

5.5 项目范例

案例欣赏一：成都创世食安科技有限公司 VI 手册（图 5-8）

成都创世食安科技有限公司 VI 手册

图 5-8 成都创世食安科技有限公司 VI 手册

案例欣赏二：惠州市三栋镇 VI 手册（图 5-9）

惠州市三栋镇 VI 手册

图 5-9　惠州市三栋镇 VI 手册

案例欣赏三：惠州市鹿颈村 VI 手册（图 5–10）

惠州市鹿颈村 VI 手册

图 5–10　惠州市鹿颈村 VI 手册

案例欣赏四：生命能健康食品（中国）有限公司 VI 手册（图 5-11）

生命能健康食品（中国）有限公司 VI 手册

图 5-11　生命能健康食品（中国）有限公司 VI 手册

案例欣赏五：其他企业的 VI 手册

云南铝都物流 VI 手册　　悠悠花店 VI 手册　　千百惠 VI 手册

5.6　工作任务实施

工作任务　VI 手册的编辑与制作

工作任务描述

设计并制作 VI 手册，包括手册封面、封底、书脊、扉页、前言（导言 / 序言）、目录页、主题页和正文页的设计编辑，并打印装订成册。VI 手册的封面如同书籍的封面，既向观众表达了手册的主题和内容，又通过整体风格、画面等视觉效果吸引观众，给人以企业的直接印象，并起到保护手册的作用。手册封面、封底、书脊的装饰运用企业辅助图形，并配以企业标志、标准字体和相关文字说明，色彩使用标准色或辅助色，以确保清晰、准确和完整的视觉形象效果。企业 VI 手册的内页从手册封面第二页开始，是手册的内容部分。内页内容应清晰明了，位置适宜，不适合添加过多的装饰图形，设计风格需与封面一致。

任务目标

知识目标：

⑴ 掌握 VI 手册的组成及规范标准。

⑵ 掌握封面、书脊和封底的设计规范。

⑶ 掌握主题页、目录和项目编号的设计规范。

能力目标：

⑴ 能进行 VI 手册的外观设计和内页设计。

⑵ 能设计出符合企业需求的 VI 手册。

素质目标：

⑴ 培养精益求精的工匠精神。

⑵ 培养规范、标准、严格的劳动精神。

思想提升

“事者，生于虑，成于务，失于傲。”通过对这句话的理解，谈谈在企业 VI 手册设计中应该考虑哪些要素。

建议学时

6 学时

工作流程与活动

工作活动 1：任务确立

工作活动 2：任务制定

工作活动 3：任务实施

工作活动 4：任务评价与总结

工作活动 1：任务确立

引导问题

问题 1：为什么封面、封底、书脊的设计只能使用辅助图形作为装饰图，不可用其他图形代替？

问题 2：为何 VI 手册的编辑一般不设定页码，而是采用编号的方式进行分类，并采用活页装订的形式？

问题 3：企业制定 VI 手册有什么好处？

工作任务确立

⑴VI 手册的编辑与制作任务清单。

①手册外观设计：

☐ 封面　　☐ 封底　　☐ 书脊

②手册内页设计：

☐ 前言　　☐ 应用要素主题页

☐ 目录页　　☐ 其他主题页

☐ 主题页　　☐ 项目编号

☐ 基本要素主题页　　☐ 内页版式

(2) 设计周期：________天。

(3) 任务报价：________元。

工作活动 2：任务制定

工作任务描述

设计并制作 VI 手册，包括手册封面、封底、书脊、扉页、前言(导言 / 序言)、目录页、主题页和正文页的设计编辑，并打印装订成册。

活动流程

环节	任务内容	时间进度	负责人	注意事项及要求
环节一	汇总所有完成的基本要素和应用要素设计稿，进行集中检查并做适当修正			1. 确定设计主题：指导老师给学生发放“任务清单”，学生完成“任务清单”的填写，确定小组成员任务分工、工作流程、时间节点等。 2. 完成调研工作：根据设计主题内容灵活选取多种调研方式，通过访谈、参观、记录、收集等多种方式进行实地考察调研，明确对 CI、VI 的认识和体会，并完成 500 字的调研报告。 3. 设计实训：通过前期调研的把脉问诊，按任务分工和工作步骤，在指导老师的指引下，完成调研总结报告。 4. 提示：在企业、市场调研的时候要注意个人形象符合要求、言谈举止礼貌得体，注意安全
环节二	进行手册外观设计：封面、封底、书脊			
环节三	进行前言和主题页设计			
环节四	进行目录页、项目编号设计			
环节五	进行内页版式设计：主要的文字内容包括标题(页眉)、项目编号、说明文字及对应的 VI 项目			
环节六	打印装订成册			

工作活动3：任务实施

活动思考

问题1：内页版式的标题通常可以由哪些内容组成？
问题2：你知道内页版式的项目编号有多少种方法吗？请谈谈你知道的项目编号方法。

活动实施

实施环节	活动内容	活动安排	活动记录
环节一 设计准备	学习5.4节“知识储备”中的知识点	完成“VI手册的编辑与制作任务清单”的勾选工作	附表1：学习笔记
环节二 手册外观设计	扫描二维码，学习知识点 手册外观设计	为VI手册设计封面、书脊、封底	附表6：草图设计
环节三 前言设计、主题页设计	扫描二维码，学习知识点 前言设计、主题页设计	进行前言、主题页设计	附表6：草图设计
环节四 目录页、项目编号设计	扫描二维码，学习知识点 目录页、项目编号设计	进行目录页、项目编号设计	附表6：草图设计
环节五 内页版式设计	扫描二维码，学习知识点 内页版式设计	进行内页版式设计	附表6：草图设计
环节六 打印装订成册	与印刷厂或打印店沟通，打印设计稿，并装订成册。建议用活页装订方式	实体店打印或淘宝下单打印	附表8：项目汇报

工作活动 4：任务评价与总结

任务评价是过程性的评价，初步的企业调研方案设计、企业调研资料的整理、企业调研报告等都囊括在教学评价内容中，着重于调研组织能力和综合分析能力的评价。

任务评价与总结

一级指标	二级指标	评价内容	分值	自评	互评	教师	客户
工作能力（60 分）	小组协作能力	能够相互传递调研信息，并进行归纳、总结和检验，发现问题，提出问题，解决问题，阐明观点，完成任务	10				
	实践操作能力	手册外观设计能力	15				
		手册内页设计能力	10				
	表达能力	能够正确组织和传达任务设计方案	10				
		能够与他人准确沟通手册打印与装订的方式方法	15				
作品得分（40 分）	职业岗位能力	认真负责的态度、团队合作能力	10				
		个人的学习能力和岗位适应能力	10				
		总结和分析能力	10				
		客户满意度	10				
总结							

附录

附表 1　学习笔记

学习笔记

附表 2　任务分配表

环节	任务内容	时间进度	负责人	注意事项及要求
环节一				
环节二				
环节三				
环节四				
环节五				
环节六				
环节七				

附表 3　情景模拟表

角色	学生姓名	设计内容
设计师		
客户		
导演签名		

附表 4　情景模拟评价表

组号	参加人数	评价		小组优良顺序
		语言表达最好的学生	模拟最好的学生	

附表 5　思维导图

设计内容	绘制人员

小提示：思维导图可以帮助设计师提供创意思路。

附表 6 草图设计

草图名称		草图方案	
设计创新点		评价意见	
设计师		日期	

附表 7 终稿展示

草图名称		标志终稿	
设计创新点		评价意见	
设计师		日期	

附表 8 项目汇报

内容	优点	不足
演示文稿 PPT		
汇报展示		
其他		